Brigitte Diät

Anna Ort-Gottwald
Susanne Gerlach

Brigitte Diät

Abnehmen mit Lieblingsgerichten

Diät-Rezepte für jeden Tag: im Job, mit Familie oder Freunden

Brigitte Buch
im
Diana Verlag

INHALT

FÜR JEDEN TAG

FÜR DEN JOB

FÜR FAMILIE & FREUNDE

KLEINE KOCHSCHULE

GLOSSAR
Infos zu
mehr als 100
Zutaten
AB SEITE 178

Vegetarische Gerichte sind mit
einer ⟶ gekennzeichnet

Die BRIGITTE-Diät –
eine Diät, *die so gar nicht*
nach Diät schmeckt

Es gibt viele Möglichkeiten, abzunehmen. Aber nur einen Weg,
das Gewicht dann auch zu halten: sich satt essen und genießen

W ann haben Sie das letzte Mal so richtig mit Genuss gegessen? Vielleicht war es ein elegantes Menü im Sterne-Restaurant, oder es war eine köstliche Tomatencremesuppe nach einem stressigen Tag oder eine Scheibe frischer Hefezopf zum Frühstück? Egal, wichtig ist nur, dass Sie es wirklich genossen haben. Ohne darüber nachzudenken, was da an Kalorien drin sein mag. Leicht gesagt, denken Sie jetzt, aber es macht doch vielleicht dick, wie kann ich es da so unbeschwert genießen?
Sie können, selbst wenn Sie ein paar Kilo abnehmen möchten. Sie sollten es sogar, denn ohne Genuss funktioniert keine Diät.

Leider hat sich das noch nicht herumgesprochen. Und so trifft man immer wieder auf Menschen, die gerade mehr oder weniger ungenießbar sind. Der Grund: Sie machen eine Diät. Diät und Genuss schließen sich für sie ganz klar aus, oder warum werden Millionen Euro für Abnehmprodukte ausgegeben, die man ohne Not gar nicht essen würde: nährstoffreiche Pulver zum Anrühren, staubtrockene Energieriegel, Suppen und andere Fertigmahlzeiten, in denen hauptsächlich Geschmacksverstärker und Aromen den Ton angeben. Da kann man ja bloß schlechte Laune bekommen.
Traurig aber auch, dass manche Menschen meinen, nur eine Diät, die so gar keinen Spaß macht, bringe den Erfolg. Also wird sich kasteit oder gehungert, was das Zeug hält. Meist erledigt sich das Thema aber recht schnell von selbst, denn der Körper wehrt sich gegen Schmalkost und die immer gleichen Geschmacks-„Erlebnisse". Er fordert energisch Abwechslung und signalisiert das mit einer gehörigen Portion Appetit auf alles, was nicht auf dem Diätplan steht – und das kann ganz schön viel sein. Der Rest von der Geschichte ist bekannt: Es wird wieder tüchtig gefuttert.

Das Fazit daraus: Am besten ist eine Ernährungsweise, die alles erlaubt, die viel Genuss bietet und bei der man sicher abnimmt. Dann vermisst man nichts, und es kommen weder Hunger noch schlechte Laune auf, so einfach ist das. So einfach ist die BRIGITTE-Diät.

ESSEN, WORAUF MAN **APPETIT** HAT

Die BRIGITTE-Diät ist eine schmackhafte und gesunde Möglichkeit, abzunehmen und das Gewicht zu halten. Wir versprechen nicht, dass das alles wie von selbst geht. Sie müssen ein bisschen was tun, nämlich kochen. Aber auch im Kochen Ungeübte haben schnell den Bogen raus. Sie bekommen Rezepte für jeden Geschmack und jeden Anlass. Sie können frei kombinieren, suchen sich aus, worauf Sie Appetit haben: etwas zum Frühstück, für mittags und abends, auch mal für zwischendurch. Sie finden Rezepte für Mahlzeiten zum Mitnehmen in den Job genauso wie das klassische Familienrezept. Und unsere „Kleine Kochschule" bietet Tipps und Tricks für die leichte Küche – hilfreich auch nach der Diät (ab Seite 128).

WORUM ES IM **EINZELNEN** GEHT

• Die Rezepte sind in der Regel für eine Portion berechnet. Salate und Suppen hingegen meist für zwei Portionen – weil man Zeit beim Zubereiten spart. Außerdem finden Sie in diesem Buch Rezepte mit vier Portionen für Familie und Freunde.

• Beilagen unter „Dazu" sind in der Nährwertberechnung enthalten.

• Sie sollten am Tag rund 1200 Kilokalorien auf Ihrem Speisezettel haben. Wenn Sie viel Sport treiben, sollten es 1400 Kilokalorien sein.

• Getränke sind nicht extra aufgeführt. Trinken Sie ausreichend, etwa 1,5 Liter Flüssigkeit am Tag, überwiegend Kalorienfreies. Sie dürfen auch koffeinhaltigen Tee und Kaffee trinken – aber nicht ausschließlich, weil das Koffein den Appetit anregt. Sollten Sie Lust auf Cola, Saft oder Wein haben, dann machen Sie Ausnahmen und planen Sie diese Kalorien in Ihre Tagesbilanz ein.

• Für den Fall, dass Sie mal nicht zum Kochen kommen: Es gibt BRIGITTE-Diät-Mahlzeiten vom Hersteller Frosta tiefgekühlt zu kaufen. Diese Mahlzeiten sind hochwertig, praktisch und bequem. Sie können sie wie Joker in Ihren Speiseplan einsetzen. Mehr dazu unter www.frosta.de.

• Falls Sie Unterstützung beim Abnehmen brauchen: Die BRIGITTE-Diät bietet Ihnen online die Möglichkeit dazu. Mehr auf Seite 191 und unter www.brigitte.de/diaet-coach.

WARUM DIE KALORIE BEIM ABNEHMEN NICHT HILFT

Viele Jahre war die BRIGITTE-Diät ganz auf die Kalorie fokussiert, später dann aufs Fett. Beides entspricht nicht mehr dem aktuellen Stand der Wissenschaft. Vom Fett weiß man inzwischen, dass es gerade in pflanzlicher Form und als Fischöl ein wichtiger Nährstoff ist, mit dem wir nicht zu sparsam sein sollten. Von der Kalorie weiß man: Sie ist unzuverlässig. So sagt zum Beispiel „365 Kilokalorien" nichts darüber aus, ob sie uns satt machen oder nicht. Wir können mit einem Snack 500 Kilokalorien verzehrt haben und wollen immer noch weiteressen, und wir können schon mit 300 Kilokalorien satt sein. Es gibt nun mal keinen „Kalorienstandsanzeiger" im Körper, der uns signalisiert: Jetzt ist gut. Deshalb setzt die BRIGITTE-Diät auf das Prinzip der niedrigen Energiedichte:

mit weniger Kalorien und viel Genuss satt werden (ausführliche Informationen dazu ab Seite 12).

WIE SIE UNGEFÄHRDET INS ZIEL KOMMEN, UND WIE ES DANN WEITERGEHT

Was können Sie von der BRIGITTE-Diät erwarten? Sicherlich keine Wunder! Aber Sie werden kontinuierlich Pfund um Pfund verlieren. Je weniger Sie die Sache überstürzen, desto besser halten Sie anschließend Ihr Zielgewicht.

Bevor Sie anfangen, überlegen Sie sich, warum Sie abnehmen wollen. Wenn andere Sie dazu drängen, Sie aber nicht selbst davon überzeugt sind, dann lassen Sie es lieber. Die BRIGITTE-Diät ist eine Ernährungsumstellung. Falls Sie gar nicht vorhaben, langfristig etwas an Ihrer Ernährung zu ändern, nach der Diät womöglich zu früheren, dick machenden Gewohnheiten zurückkehren wollen, dann werden Sie bald wieder Kilo um Kilo draufhaben, und die Zeit war vertan. Aber keine Sorge: Mit den Rezepten der BRIGITTE-Diät macht es Ihnen richtig Spaß, leichter zu essen. Und es ist ja nicht so, dass Schokolade für immer tabu wäre. Aus diesem Grund gilt gerade auch für die Zeit nach der Diät: Halten Sie sich an das Prinzip der niedrigen Energiedichte, dann können Sie alles essen – in genau den richtigen Mengen. Kontrollieren Sie regelmäßig Ihr Gewicht, um rechtzeitig gegensteuern zu können. Aber lassen Sie sich nicht von ein bis zwei Kilo mehr gleich aus dem Konzept bringen, solche Schwankungen sind normal.

DER FEIND IN UNSEREM BAUCH

Ob jemand übergewichtig ist, lässt sich rein medizinisch durch den Body-Mass-Index (BMI) ermitteln, also die Formel „Körpergewicht geteilt durch Körpergröße zum Quadrat".

„Wer *nicht genießt,*
ist ungenießbar“

Konstantin Wecker (Songtitel von 1978)

„Essen ist ein Bedürfnis,
genießen eine Kunst"

François de La Rochefoucauld (1613–1680)

Ein Beispiel: Sie sind 1,70 Meter groß und wiegen 75 Kilo. Ihr BMI: 75 geteilt durch $1,70^2 \approx 26$.

Leicht übergewichtig ist man bei einem BMI zwischen 25 und 30, bis 40 besteht deutliches und darüber hinaus starkes Übergewicht, man spricht auch von Adipositas (Fettsucht).

Doch der BMI allein sagt nichts darüber, ob das Körpergewicht ein Risiko für die Gesundheit darstellt. Das hängt auch davon ab, wie viel Fett sich im und am Bauch angesammelt hat. Deshalb sollte zusätzlich der Taillenumfang gemessen werden. Das Risiko ist erhöht, wenn der Taillenumfang bei Frauen über 88 Zentimetern liegt, bei Männern über 102 Zentimetern. Denn: Überflüssige Kilos in der Körpermitte beeinflussen den Stoffwechsel negativ. Ein dicker Bauch steigert das Risiko für Diabetes, Herz-Kreislauf- und andere Erkrankungen.

Es gibt noch eine weitere Formel zur Beurteilung des Krankheitsrisikos: die WHtR (**W**aist-to-**H**eight-**R**atio). Eine deutsche Studie mit 11 000 Teilnehmern hat ergeben, dass es viel besser sei, den Taillenumfang (Waist) durch die Körpergröße (Height) zu dividieren, um das persönliche Krankheitsrisiko zu bestimmen. Bei unter 40-Jährigen sollte diese WHtR 0,5, bei Älteren höchstens 0,6 betragen. Eine geringe Abweichung von diesen Werten ist noch okay, bei größeren Differenzen steigen gesundheitliche Risiken. Doch Wissenschaftler sind sich einig: Die WHtR hat gegenüber dem Ermitteln von BMI plus Messen des Bauchumfangs keine zusätzliche Aussagekraft.

Auf das Messen des Bauchumfangs sollte auf keinen Fall verzichtet werden. Der Trend zum Bauch ist nämlich ungebrochen. Eine schwedische Untersuchung zeigt, dass sich in den vergangenen Jahren gerade bei Frauen die Körperfett-Verteilung un-günstig verschoben hat: weg von Po und Hüfte, hin zum Bauch. Apfel statt Birne also. Tröstlich für alle, die einen dicken Po haben.

BITTE NICHT ODER NICHT AUF **EIGENE FAUST** ABNEHMEN

• Schwangere und Stillende sollten nicht diäten.

• Menschen mit chronischen Erkrankungen (Bluthochdruck, Diabetes Typ II) sollten ihren Arzt konsultieren, bevor sie die BRIGITTE-Diät machen.

• Übergewichtige Kinder gehören in die Hand von Fachärzten. Infos über Abnehmprogramme z. B. bei der Bundeszentrale für gesundheitliche Aufklärung: www.bzga-kinneruebergewicht.de

DA **FEHLT** DOCH NOCH WAS?

Richtig: Bewegung. Die macht nicht nur das Abnehmen leichter, sie gehört zum Leben dazu, damit wir uns wohl fühlen. Schon ein flotter Spaziergang setzt Gute-Laune-Hormone frei. Eigentlich wissen wir das seit Langem, müssen dennoch immer wieder unseren inneren Schweinehund besiegen. Vielleicht liegt es daran, dass wir noch nicht das Richtige für uns gefunden haben. Oder in Routine versinken: das ewige Bahnenziehen im Schwimmbad, der Step-Kurs, den wir seit Jahren belegen. Dann wird es Zeit, etwas Neues zu probieren. Es ist ohnehin ratsam, immer mal andere Muskeln zu trainieren, der Mensch braucht Abwechslung. Und nicht vergessen: Auch (kleine) Veränderungen im Alltag bewirken etwas – mal einen anderen Weg zur Arbeit nehmen, Treppe statt Fahrstuhl usw. Einige Beispiele für mehr Alltagsbewegung finden Sie auf Seite 168/169 und auf den darauf folgenden Seiten vier kurze, knackige Fitnessprogramme: 5-Minuten-Workouts, mit denen Sie alle wichtigen Muskelgruppen trainieren können.

Das Geheimnis
der Energiedichte

Viel zu lange haben wir beim Abnehmen auf die Kalorien vertraut. Dabei gibt es etwas viel Effektiveres, was uns obendrein mehr Freiheit beim Essen lässt

Energie ist unser Motor. Damit er richtig läuft, essen und trinken wir. Allerdings neigen wir dabei zu Übertreibungen – und kriegen prompt die Quittung. Denn im Körper geht keine Energie verloren: Was wir zu viel essen, wird als Fett gespeichert. Wer abnehmen will, versucht meist, Kalorien zu sparen, indem er weniger isst. Klappt eher nicht. Die Lösung: sich satt essen und dabei Kalorien sparen. „So funktioniert abnehmen nach dem Prinzip der niedrigen Energiedichte", sagt Professor Volker Schusdziarra, Ernährungswissenschaftler und Gastroenterologe an der TU München, „damit braucht niemand auf seine Schmankerln zu verzichten."
Was genau hat es mit diesem

Prinzip auf sich? Vor allem sollten die Mahlzeiten möglichst wenig Kalorien pro Gramm oder Portion haben. „Lebensmittel mit geringer Energiedichte sind in der Regel sehr wasserhaltig. Dieses eingebaute Wasser sättigt gut", so Volker Schusdziarra. Ein Beispiel zur Berechnung der Energiedichte: Ein 150 Gramm schwerer Apfel liefert 78 Kilokalorien. Teilt man 78 durch 150, erhält man die Energiedichte: 0,5 kcal/g.

HABEN **KALORIEN** JETZT AUSGEDIENT?

Nein. Sonst hätten wir keinen Überblick über Soll und Haben unserer täglichen Energiebilanz. Überholt ist aber, sich beim Essen allein daran zu orientieren. Denn eine Zahl wie 500 Kalorien verrät nicht, ob wir davon satt werden. Maßgeblich ist die Nahrungsmenge, weil die Magendehnung das Sättigungsgefühl auslöst. Offenbar funktioniert dieses Signalsystem ziemlich zuverlässig: Schusdziarra und sein Team haben herausgefunden, dass wir bei den drei Hauptmahlzeiten meist die gleiche Menge essen. Die Kalorienmengen, die wir sonst noch zu uns nehmen, schwanken aber erheblich. Da kommt einiges on top: der Kuchen am Nachmittag, die Chips am Abend. Umso wichtiger, sich bei den Hauptmahlzeiten satt zu essen. Nicht weniger, sondern anders essen, lautet das Motto. Und dabei auch persönliche Vorlieben berücksichtigen. Ein Beispiel: Wer gern Wurstbrot isst, wird sich stattdessen ungern für Obst entscheiden. Hier wäre ein Schinkenbrot eine gute Alternative: Eine dicke Scheibe Vollkornbrot (40 Gramm), mit 35 Gramm Salami belegt, ergibt eine Essensmenge von 75 Gramm und liefert 210 Kilokalorien; Energiedichte: 2,8 kcal/g. Das Brot etwas dünner (25 Gramm) und dafür mit üppigen 50 Gramm Schinken belegt, ergibt ebenfalls 75 Gramm Menge bei nur 110 Kilokalorien und einer Energiedichte von 1,5 kcal/g. Klingt überzeugend. Besonders, wenn man folgende Rechnung aufmacht: Angenommen, man würde jeden Tag zwei Salamibrote essen, hätte man im Vergleich zum Verzehr von zwei Schinkenbroten täglich nach einem Jahr 73 000 Kalorien mehr aufgenommen. Das entspricht zehn Kilo Fettgewebe!

WAS IST EINE **HOHE,** WAS EINE **NIEDRIGE** ENERGIEDICHTE?

Laut der Technischen Universität München hat sich folgende Einteilung bewährt:

niedrige Energiedichte: bis 1,5 kcal/g
mittlere Energiedichte: von 1,6 bis 2,4 kcal/g
hohe Energiedichte: ab 2,5 kcal/g

Wenig überraschend: Ganz vorn bei den Guten sind Gemüse (0,2 kcal/g) und Obst (0,5 kcal/g), auch mageres Fleisch kann sich sehen lassen (1,2–1,4 kcal/g). Abgeschlagen: Süßigkeiten und Gebäck mit Werten von 4 oder 5 – sie enthalten kaum Wasser, aber viel Fett.

SONDERROLLE FLÜSSIGE KALORIEN

Laut Energiedichte wären Cola, Saft oder Fruchtmolke im grünen Bereich, da ja jede Menge Wasser drinsteckt. Doch diese Getränke machen nicht satt und enthalten außerdem Zucker. Anders als bei fester Nahrung hat der Magen mit Flüssigkeiten keine Arbeit und reicht sie gleich weiter. Die Kalorien aber bleiben „hängen" und addieren sich in kurzer Zeit: Ein Liter Orangensaft oder Cola trinkt sich schnell weg, und schon sind 420 Kalorien aufgenommen – so viel enthält z. B. eine Portion Spaghetti Napoli, und die macht deutlich besser satt! Deshalb: Säfte und Softdrinks während einer Diät nur selten genießen, kalorienfreie Getränke sind unbegrenzt okay. Eine Zwitterrolle spielen Milch, Joghurtdrinks, Smoothies sowie Cappuccino & Co. Da stecken zwar nicht grade wenig Kalorien drin, aber dank Eiweiß oder Fruchtstückchen sättigen sie besser als Säfte und Limos. Trotzdem immer die fettarme und zuckerfreie Variante wählen.

DIE ENERGIEDICHTE IM ALLTAG

Die BRIGITTE-Diät beherzigt schon länger, was Wissenschaftler für das Vernünftigste halten: volle Teller bei relativ wenig Kalorien. Daher sind alle Mahlzeiten in diesem Buch im grünen Bereich, den jeweiligen Energiedichte-Wert (ED) finden Sie unter dem Rezept. Beim Einkaufen von Fertigprodukten können Sie die Energiedichte ganz einfach selbst berechnen. Auf den meisten Packungen wird der Kaloriengehalt pro 100 Gramm angegeben. Beispiel fettarme Milch: 46 kcal/100 g. 46 durch 100 teilen, macht eine ED von rund 0,5 kcal/g.

Lebensmittel mit niedriger Energiedichte (grün)
An denen können Sie sich satt essen. Auf eine gute Mischung achten. Kiloweise Obst zu verschlingen wäre einseitig. Auf der Umschlagseite dieses Buches sind sie grün gekennzeichnet.

Lebensmittel mit mittlerer Energiedichte (gelb)
Davon keine zu großen Portionen essen und am besten noch Lebensmittel aus dem niedrigen Bereich dazunehmen. Sie sind gelb markiert.

Lebensmittel mit hoher Energiedichte (rot)
Nur in kleinen Portionen genießen und immer mit Lebensmitteln niedriger ED „verdünnen".

Für jeden Tag –
mittags & abends

Was koche ich heute? Falsche Frage... Was koche ich heute nicht? So viele verlockende Rezepte! Es gibt Vegetarisches, Gerichte mit Fleisch oder Fisch, kalte und warme Suppen und – das Beste zum Schluss – köstliche Süßspeisen

Tagliatelle mit
Kumin-Orangensoße,
Rezept Seite 40

HÄHNCHEN IN SCHOKO-INGWER-SOSSE
1 Portion

ZUTATEN 120 g Zucchini, 1 Hähnchenbrustfilet ohne Haut (120 g), Salz, weißer Pfeffer, 2 TL Olivenöl, kohlensäurehaltiges Mineralwasser, 1 Päckchen TK-Suppengrün (50 g), 1 Knoblauchzehe, 15 g frische Ingwerknolle, ½ TL Weizenmehl, 2–3 EL Balsamessig, 25 g Zartbitter-Kuvertüre oder Schokolade (70 % Kakaoanteil), ½ TL Zucker, Cayennepfeffer

SO GEHT'S Zucchini in feine Scheiben schneiden. Hähnchenfilet salzen, pfeffern und in 1 TL Olivenöl in einer mittelgroßen beschichteten Pfanne von einer Seite anbraten. Eventuell 1–2 EL Mineralwasser zufügen. Filet wenden, Zucchini zugeben, kurz im Bratsud schwenken, dann 2 EL Mineralwasser zugeben und beides 5–7 Minuten zugedeckt garen. In einer kleinen Pfanne restliches Olivenöl, Suppengrün, gehackten Knoblauch und Ingwer bei mittlerer Hitze ca. 5 Minuten anrösten. Mit Mehl bestäuben. ½ Tasse Mineralwasser, 2 EL Balsamessig, geriebene Schokolade und Zucker zugeben und in der offenen Pfanne ca. 3 Minuten einkochen lassen. Soße mit Salz, Cayennepfeffer, eventuell Balsamessig abschmecken und mit Hähnchenfilet und Zucchini anrichten.

DAZU 65 g vorgegarter Naturreis

FERTIG IN 20–25 Minuten **PORTION** ca. 505 kcal, E 42 g, F 18 g, KH 41 g, ED 0,9

TOMATEN-KOKOS-SUPPE
2 Portionen

ZUTATEN 2 Zwiebeln, 1 Knoblauchzehe, 20 g Ingwerknolle, 4–5 TL Tomatenmark, 200 ml fettreduzierte Kokosmilch (14 g Fett), ½ l Instant-Misosuppe oder Gemüsebrühe, Jodsalz, ½ TL 5-Gewürze-Pulver, 60 g Kartoffeln, 150 g Cocktailtomaten, einige Minzeblättchen

SO GEHT'S Zwiebeln in feine Ringe schneiden. Knoblauch und Ingwer fein hacken und mit Tomatenmark, Kokosmilch und Bouillon aufkochen. Jodsalz und Gewürz zugeben und alles 10 Minuten bei kleiner Hitze zugedeckt kochen. Kartoffeln schälen, fein reiben und zugeben. Weitere 10 Minuten kochen. Suppe mit Salz abschmecken, mit Tomatenhälften und Minze garnieren.

DAZU pro Portion 4 Miniknäcke mit Sesam und Mohn

FERTIG IN 30 Minuten **PRO PORTION** ca. 250 kcal, E 8 g, 13 g Fett, KH 25 g, ED 0,4

TIPP Restliche Kokosmilch einfrieren oder für „Limetten-Kokos-Reis" (Seite 37) verwenden.

FETA-KARTOFFELN MIT BIO-WURZELN
1 Portion

ZUTATEN 1 gekochte Kartoffel (200 g) oder 1 Back-
kartoffel aus dem Kühlregal, 50 g Feta-Käse (22 g Fett),
½ Bio-Zitrone, Salz, weißer Pfeffer, 1–2 EL Schnittlauchröllchen (frisch oder TK), 200 g Bio-Möhren, 4 Schalotten,
1 Knoblauchzehe, 80 ml Karottensaft, je 1–2 Prisen
Kurkuma, Kümmel und Koriander, 1 TL Tomatenmark,
1–2 EL Dickmilch (1,5 % Fett), 1 EL Sonnenblumenkerne

SO GEHT'S Backofengrill vorheizen. Gepellte Kartoffel der
Länge nach halbieren und mit einem Löffel aushöhlen.
Kartoffelmasse und Käse grob hacken und mit abgeriebener
Zitronenschale, Salz und Pfeffer würzen. Schnittlauch
unterheben und Mischung in die Kartoffelhälften füllen.
Möhrenstifte, Schalottenwürfel und zerdrückten Knoblauch mit Karottensaft, Gewürzen, Salz, Tomatenmark und
50 ml Wasser aufkochen und etwa 8 Minuten offen schmoren. Dickmilch unterrühren und Möhren mit Salz und
Zitronensaft abschmecken. Kartoffelhälften auf Möhren
anrichten, alles mit Sonnenblumenkernen bestreuen.

FERTIG IN 25 Minuten **PORTION** ca. 440 kcal, E 19 g,
F 17 g, KH 50 g, ED 0,6

TORTILLA MIT PAPRIKA-KAPERN-SOSSE
1 Portion

ZUTATEN 1 rote Paprikaschote (150 g), 1 Schalotte, 100 ml klare Hühnerbouillon, 1 EL Rotwein- oder Sherry-Essig, je 1–2 Prisen Koriander, Kumin und Piment, 1 TL Hartweizengrieß, 1 Fenchelknolle (150 g), 2 Safranfäden, 1 TL Olivenöl, Salz, Pfeffer, 100 g vorgekochte kurze Nudeln (z. B. Penne), 2 Bio-Eier (Größe S), 1 EL Magerquark, 2 EL Milch (1,5 % Fett), 1 EL Kapern

SO GEHT'S Paprika und Schalotte klein schneiden und mit Hühnerbouillon, Essig und Gewürzen aufkochen. Grieß zugeben und bei kleiner Hitze 10 Minuten zugedeckt dünsten. Fenchelgrün abschneiden und beiseitelegen, Fenchel in Stücke schneiden und zusammen mit dem Safran in einer beschichteten Pfanne in Olivenöl anbraten. Salzen, pfeffern. 2 EL Wasser oder Bouillon zugeben und 4–6 Minuten zugedeckt dünsten. Nudeln unterrühren. Eier, Quark, Milch, gehacktes Fenchelgrün, Salz und Pfeffer verquirlen. Eimasse in die Gemüse-Pfanne gießen und etwa 10 Minuten bei mittlerer Hitze backen. Paprika pürieren. Soße mit Gewürzen abschmecken und Kapern unterrühren. Tortilla mit Soße anrichten.

FERTIG IN 35–40 Minuten **PORTION** ca. 455 kcal, E 28 g, F 17 g, KH 46 g, ED 0,9

LINSEN-BOBOTIE
1 Portion

ZUTATEN 1 Zucchini (150 g), 1 TL Olivenöl, Mineralwasser, 10 g frische Ingwerknolle, 1–2 Schalotten,
30 g rote Linsen, je 1–2 Prisen gemahlener Koriander,
Kümmel und Piment, 1 Prise Zucker, Salz, 1 Tomate
(70 g), 1 Minibanane (100 g), 100 ml Milch (1,5 % Fett),
1 Bio-Ei (Größe M), Chiliflocken

SO GEHT'S Backofen auf 200 Grad, Umluft 180 Grad, Gas
Stufe 4 vorheizen. Zucchinischeiben in einer kleinen Pfanne
in Olivenöl anbraten. Eventuell 1–2 EL Mineralwasser zufügen. Ingwer und Schalotte fein hacken. Mit Linsen, Gewürzmischung, Zucker, Salz und 3–4 EL Mineralwasser
aufkochen. Etwa ¼ Portion Zucchini, Tomatenwürfel und
Bananenscheiben unterrühren. Alles in eine flache ofenfeste Form (Inhalt 500 ml) geben. Mit restlichen Zucchinischeiben abdecken. Milch, Ei, 1 Prise Salz und Chiliflocken
verquirlen und über die Zucchini gießen. Im Backofen etwa
25 Minuten backen.

FERTIG IN 40 Minuten **PORTION** ca. 375 kcal, E 22 g,
F 13 g, KH 41 g, ED 0,7

ZWIEBELFISCH MIT ERBSENPÜREE

1 Portion

ZUTATEN 1 rote Zwiebel (50 g), 1 Tomate (ca. 70 g), 150 ml klare Hühnerbouillon, 1 TL Thymian (frisch oder gerebelt), 1 EL Aprikosen-Fruchtaufstrich oder Mango-Chutney, Salz, 1 TL Olivenöl, 150 g Alaska-Seelachsfilet, Pfeffer, Edelsüßpaprika, ½ Zitrone, 150 g Kartoffeln, EL Naturjoghurt (1,5 % Fett), 50 g Kichererbsen aus der Dose, ½ TL geröstete Pinienkerne

SO GEHT'S Backofen auf 180 Grad, Umluft 160 Grad, Gas Stufe 3 vorheizen. Zwiebel in dünne Ringe schneiden. Tomate vierteln, die Kerne herauslösen und fein hacken. Fruchtfleisch in Streifen schneiden. Bouillon, Thymianblättchen, Tomatenkerne und Zwiebel aufkochen und etwa 4 Minuten offen dünsten. Zwiebelsud durch ein Sieb gießen, dabei den Sud auffangen und zur Seite stellen. Zwiebel, Tomatenstreifen und Fruchtaufstrich verrühren, etwas salzen. Eine ofenfeste Form mit ½ TL Öl einfetten. Fisch hineingeben, mit Salz, Pfeffer und Paprika würzen und mit 1–2 EL Zitronensaft beträufeln. Zwiebel-Mix auf dem Fisch verteilen. Im Backofen auf der mittleren Schiene etwa 12–14 Minuten (je nach Dicke) garen. Inzwischen Kartoffeln schälen, würfeln, im Zwiebelsud aufkochen und 8–10 Minuten garen. Restliches Öl und Joghurt zugeben. Kartoffeln grob stampfen. Kichererbsen zugeben und Püree mit Zitronensaft und Salz abschmecken. Fisch mit Pinienkernen bestreuen und mit Erbsenpüree anrichten.

FERTIG IN 30 Minuten **PORTION** ca. 475 kcal, E 36 g, F 11 g, KH 51 g, ED 0,7

SPARGEL MIT EI-TOMATEN-SALSA

1 Portion

ZUTATEN 1 Tomate (ca. 100 g), 1 EL Tomatenketchup, ½ EL Olivenöl, 1 hart gekochtes Bio-Ei, 1 EL Kapern, 8 Schnittlauchhalme, Tabasco, Salz, 1 Prise Zucker, 400 g grüner Spargel oder Brokkoli

SO GEHT'S Tomate vierteln, Kernmasse herauslösen, hacken und mit Tomatenketchup und Öl verrühren. Tomatenfleisch fein würfeln, ½ Ei, Kapern, Schnittlauch hacken. Zweite Eihälfte in Scheiben schneiden. Alle Zutaten mischen und mit Tabasco, Salz und Zucker abschmecken.

Spargel waschen, das holzige Ende abschneiden und das untere Drittel dünn schälen. Spargel in wenig kochendem Wasser im Spargeltopf etwa 8 Minuten dünsten oder im Dämpfeinsatz des Dämpftopfes nach dem Aufkochen etwa 5 Minuten dämpfen. Herausnehmen und mit Eischeiben und der Ei-Tomaten-Salsa anrichten.

DAZU 150 g Pellkartoffeln

FERTIG IN 25 Minuten **PORTION** ca. 365 kcal, E 19 g, F 14 g, KH 40 g, ED 0,5

HÄHNCHEN AUF BUNTEM LINSENSALAT
1 Portion

ZUTATEN 125 g Hähnchenbrust-Innenfilets, 1–2 Knoblauchzehen, ½ TL Garam masala oder milder Madras-Curry, Salz, ½ Bio-Zitrone, 1 Handvoll Blattspinat oder Blattsalat, 80 g Sommerpflaumen, 1 Lauchzwiebel, 1 EL Olivenöl, 1 TL flüssiger Honig, 2 EL Naturjoghurt (1,5 % Fett), Pfeffer, 50 g Linsen aus der Dose

SO GEHT'S Hähnchenfilets mit zerdrücktem Knoblauch, Garam masala, Salz und etwas abgeriebener Zitronenschale vermengen. Spinat vorbereiten. Pflaumen und Lauchzwiebel klein schneiden. Fleisch in Olivenöl knusprig braten. Pflaumen dazugeben und kurz mitbraten. Filets und Pflau-

men herausnehmen. Filets eventuell auf einen Spieß stecken. Zitronensaft, Honig, Joghurt und 1–2 EL Wasser in den Bratsud geben und verrühren. Soße mit Salz und Pfeffer abschmecken. Linsen, Lauchzwiebel, Filets und Pflaumen auf Spinat anrichten und mit Joghurtsoße beträufeln.

FERTIG IN 20 Minuten **PORTION** ca. 385 kcal, E 35 g, F 14 g, KH 28 g, ED 0,9

TIPP Anstatt der kleinen Hähnchenbrust-Innenfilets Puten- oder Hähnchenbrust nehmen und in passende Stücke schneiden.

PARMESANSUPPE MIT TORTELLONI

1 Portion

ZUTATEN 1 Schalotte, 1 Knoblauchzehe, 1 Kartoffel (70 g), 1 Zucchini (100 g), 100 ml Instant-Gemüsebrühe, 100 ml Milch (1,5 % Fett), 30 g frisch geriebener Parmesankäse, 1 TL körniger Senf, Salz, weißer Pfeffer, Muskat, 100 g vorgegarte Tortelloni mit Käsefüllung (Kühlregal), etwas Gartenkresse

SO GEHT'S Schalotte und Knoblauch fein hacken. Kartoffel und Zucchini in feine Würfel schneiden. Gemüse, Brühe und Milch in einem hohen Topf aufkochen und etwa 8 Minuten bei mittlerer Hitze kochen. Eventuell eine Kelle Stückiges herausnehmen und restliche Suppe pürieren. Käse und Senf zugeben, unterrühren und mit Salz, Pfeffer und geriebenem Muskat abschmecken. Tortelloni nach Packungsanweisung zubereiten und heiß mit Parmesansuppe und Gemüsestückchen anrichten. Mit Kresse bestreuen.

FERTIG IN 25 Minuten **PORTION** ca. 465 kcal, E 26 g, F 16 g, KH 53 g, ED 0,9

TIPP Statt Parmesan 50 g Land-Kochkäse (20 % Fett i. Tr.) verwenden. Kochkäse enthält Kümmel, darum schmeckt er noch einen Tick würziger. Kochkäse ist fett- und kalorienärmer als Parmesan.

TOMATENNUDELN AUS DEM WOK

1 Portion

ZUTATEN 2 Tomaten (100 g), 1 Knoblauchzehe, 10 g frische Ingwerknolle, 50 g Shiitake-Pilze oder Champignons, 2 Lauchzwiebeln, ½ rote Paprikaschote, 1 Tasse Instant-Gemüsebrühe, 1 TL Rapsöl, Salz, 30 g Wok-Instant-Nudeln, 100 g Mungobohnensprossen, Chiliflocken, 1–2 TL helle japanische Sojasoße

SO GEHT'S Tomaten vierteln, Kerne herauslösen und hacken. Tomatenviertel und -kerne beiseitestellen. Knoblauch und Ingwer fein hacken. Die Stiele der Shiitake-Pilze entfernen, von beiden Pilzsorten die Hüte halbieren. Lauchzwiebeln in 3 cm lange Stücke schneiden. Paprika würfeln.

Brühe zubereiten. Öl im Wok erhitzen. Pilze, Knoblauch, Ingwer und Salz zufügen und 2 Minuten unter Rühren braten. Dabei eventuell 1–2 EL Brühe zugeben. Lauchzwiebeln, Tomatenviertel und -kerne zugeben und alles etwa 1 Minute braten. Nudeln, Sprossen, Chili, Sojasoße und 3–4 EL Brühe zugeben und 30–40 Sekunden unter Rühren braten. Eventuell restliche Brühe zugießen und anrichten.

FERTIG IN 20 Minuten **PORTION** ca. 360 kcal, E 13 g, F 15 g, KH 45 g, ED 0,6

TIPP Japanische Sojasoße „Shoyo" ist dünnflüssiger und milder als chinesische Sojasoße.

PUTE À L'ORANGE
1 Portion

ZUTATEN 1 Putenoberkeule (550 g), Meersalz, 1 TL Thymian (frisch oder gerebelt), 1–2 Prisen Kurkuma, grober Pfeffer, 1 EL Olivenöl, 100 ml klare Hühnerbouillon, 1 Orange (250 g), 1 Knoblauchzehe, 20 g frische Ingwerknolle, 1 Lorbeerblatt, 3 Schalotten, 100 g Möhren, 1–2 TL helle japanische Sojasoße, 1 Chicorée (80 g)

SO GEHT'S Backofen auf 150 Grad, Umluft 130 Grad, Gas Stufe 1–2 vorheizen. Fleisch kalt abspülen, trocken tupfen und die Haut abtrennen. Keule mit Meersalz, Thymianblättchen, Kurkuma und Pfeffer einreiben. Olivenöl in einem Bräter mit Deckel erhitzen und das Fleisch von allen Seiten bei mittlerer Hitze anbraten. Brühe, Saft von einer halben Orange, Knoblauch, Ingwer und Lorbeerblatt zugeben und zugedeckt im Backofen 45 Minuten schmoren. Geschälte Schalotten und Möhrenstücke zugeben und weitere 45 Minuten schmoren. Keule herausnehmen, das Fleisch vom Knochen trennen und in zwei Portionen teilen. Eine Portion für „Spicy Thai-Geflügelsalat" (Seite 76) abgedeckt kalt stellen oder einfrieren. Bratensoße mit Sojasoße und Pfeffer abschmecken. Chicoréeblätter in der Soße kurz zugedeckt andünsten. Restliche Orange in Stücke schneiden und unter das Gemüse mischen. Restliches Fleisch mit Chicorée, Gemüse und Orangensoße anrichten.

FERTIG IN 1 Stunde 45 Minuten **PORTION** ca. 385 kcal, E 32 g, F 15 g, KH 27 g, ED 0,6

GEMÜSE-TAJINE MIT LAMMMEDAILLON

1 Portion

ZUTATEN 2 Kartoffeln, 1 Möhre, 2–3 Schalotten, 100 g Lammrücken- oder Schweinefilet, Salz, Pfeffer, 2 TL Olivenöl, 1 TL gelbe Senfsaat, je 2–3 Prisen Kumin und Edelsüßpaprika, 1 Lorbeerblatt, 150 ml Lammfond oder klare Hühnerbouillon, 100 g TK-Brokkoli, 1 EL Naturjoghurt (1,5 % Fett), evtl. 50 g Granatapfelkerne

SO GEHT'S Backofen auf 160 Grad, Umluft 140 Grad, Gas Stufe 3 vorheizen. Kartoffeln und Möhre in dicke Spalten schneiden. Schalotten abziehen. Das Filet salzen und pfeffern. Olivenöl in einer mittelgroßen Pfanne bei mittlerer Hitze erhitzen. Filet von beiden Seiten jeweils 60–90 Sekunden anbraten. Fleisch herausnehmen, in Alufolie wickeln und im Backofen weitergaren. Kartoffeln, Möhre und Schalotten in den Bratsud geben und unter Rühren 2–3 Minuten anbraten. Senfsaat, Gewürze, Lorbeer und Lammfond zugeben und bei mittlerer Hitze etwa 5 Minuten zugedeckt dünsten. Brokkoli zugeben und weitere 5 Minuten offen garen. Das Fleisch aus der Alufolie wickeln. Fleischsaft und Joghurt zum Gemüse geben und mit Salz und Pfeffer abschmecken. Fleisch und Gemüse anrichten und eventuell mit Granatapfelkernen bestreuen.

FERTIG IN 25 Minuten **PORTION** ca. 330 kcal, E 28 g, F 12 g, KH 26 g, ED 0,5

TOMATEN-PILZ-SPAGHETTI
1 Portion

ZUTATEN 1 Zwiebel, 50 g Champignons, 1 Knoblauchzehe, 1 TL Olivenöl, Salz, weißer Pfeffer, 80 g fertige Tomatensoße aus dem Glas, 50 g Räuchertofu, 1 TL Rotweinessig, ½ TL Zucker, je 2–3 Prisen Edelsüßpaprika, Kumin und Zimt, 60 g Hartweizen-Spaghetti, 50 g TK-Erbsen oder Zuckerschoten

SO GEHT'S Zwiebel, Champignons und Knoblauch fein würfeln und in einem kleinen Topf in Olivenöl andünsten. Salzen und pfeffern. Tomatensoße, Tofuwürfel, Essig, Zucker und Gewürze zugeben und 10 Minuten bei kleiner Hitze zugedeckt schmoren. Soße abschmecken. Spaghetti nach Packungsanweisung kochen. Erbsen für die letzten 4 Minuten mitgaren. Nudeln und Erbsen abgießen, abtropfen und mit der Tomaten-Pilz-Soße anrichten.

FERTIG IN 25–30 Minuten **PORTION** ca. 440 kcal, E 21 g, F 12 g, KH 61 g, ED 0,9

TIPPS Anstelle von Räuchertofu 75 g Putenkasseler oder geräucherte Pute nehmen. Restliche Tomatensoße für „Scampi in Rosmarin-Tomatensoße" (Seite 33) statt der Dosentomaten verwenden.

GEMÜSE-RISOTTO MIT LACHS

1 Portion

ZUTATEN: 2 Selleriestangen (80 g), 1 Möhre (60 g), 1 Zwiebel (30 g), 1 TL Olivenöl, 50 g Risotto pronto mit getrockneten Tomaten, 300–400 ml Fischfond, 1 Tomate, 150 g MSC-Wildlachs, Salz, Zitronenpfeffer, weißer Balsamessig, 2–3 Estragonstängel

SO GEHT'S Sellerie, Möhre und Zwiebel in 1 cm große Würfel schneiden und in Olivenöl andünsten. Risotto zugeben und ebenfalls kurz andünsten. 150 ml Fischfond und gehackte Tomate zugeben. Alles aufkochen und bei kleiner Hitze etwa 12 Minuten zugedeckt garen. Eventuell noch etwas Fond zugeben. Inzwischen restlichen Fischfond aufkochen. Lachs zufügen und 2–4 Minuten bei kleiner Hitze pochieren. Risotto mit Salz, Pfeffer und ein paar Spritzern Essig abschmecken. Lachs auf Risotto anrichten und mit Estragonblättchen bestreuen.

FERTIG IN 20–25 Minuten **PORTION** ca. 475 kcal, E 38 g, F 15 g, KH 47 g, ED 0,8

ZANDER AUF PORREE-RAHM-GEMÜSE

1 Portion

ZUTATEN 1 rote Zwiebel, 2 Aprikosen, 1 Porreestange (150 g), 1 Lorbeerblatt, 1 TL flüssiger Honig, 50 ml naturtrüber Apfelsaft, 150 g Zanderfilet mit Haut (frisch oder TK), Salz, 2 EL Frischkäse mit Joghurt (13 % Fett), Kerbel- oder Basilikumblättchen, weißer Pfeffer

SO GEHT'S Zwiebelringe, halbierte Aprikosen, grobe Porreestücke, Lorbeer, Honig und Apfelsaft in einen Dämpftopf geben. Fisch salzen und mit der Hautseite auf den Dämpfeinsatz (Fischfilet ohne Haut auf ein Stück Butterbrotpapier)

geben. Topf schließen und aufkochen. Wenn Dampf austritt, auf kleine Hitze schalten und je nach Fischdicke etwa 4–6 Minuten dämpfen. Fisch herausnehmen. Frischkäse und Kerbelblättchen unter das Gemüse rühren und kräftig mit Pfeffer und etwas Salz abschmecken. Fisch ohne Haut auf Gemüse anrichten und mit Kerbelsoße beträufeln.

FERTIG IN 20 Minuten **PORTION** ca. 305 kcal, E 35 g, F 7 g, KH 24 g, ED 0,7

GEBACKENE ZUCCHINI MIT TOMATEN
1 Portion

ZUTATEN 50 g Sojaflocken nach Hackfleischart (Reformhaus), 1 Bio-Ei (Größe M), je 2–3 Majoran- und Petersilienstängel, ½ TL italienische Gewürzmischung, 1–2 Prisen gemahlener Kardamom, 2 EL geriebener Parmesankäse, Salz, Pfeffer, 1 Zucchini (250 g), 1–2 Lauchzwiebeln, 1 TL Olivenöl, 150 ml Instant-Gemüsebrühe, 100 g Cocktailtomaten, 100 g Naturjoghurt (1,5 % Fett)

SO GEHT'S Sojahack nach Packungsanweisung quellen lassen, dann mit Ei, gehackten Kräutern, Gewürzen, Parmesan verrühren und mit Salz und Pfeffer abschmecken. Backofen auf 200 Grad, Umluft 180 Grad, Gas Stufe 4 vorheizen.

Zucchini längs halbieren und aushöhlen. Zucchinifleisch und Lauchzwiebeln hacken und in Olivenöl ca. 3–4 Minuten dünsten. Unter die Sojamischung rühren und in die Zucchini füllen. Zucchini in eine ofenfeste Form geben. Gemüsebrühe zufügen und im vorgeheizten Backofen etwa 30 Minuten auf der mittleren Schiene backen. Tomaten nach 15 Minuten zugeben. Joghurt dazu anrichten.

FERTIG IN 20 Minuten ohne Wartezeit
PORTION ca. 430 kcal, E 41 g, F 17 g, KH 28 g, ED 0,5

MADRAS-CURRY-RISOTTO
1 Portion

ZUTATEN 150 g Möhren, 1 rote Zwiebel, 1 Knoblauchzehe, 50 g Risotto-Reis (z. B. Arborio, Carnaroli und Vialone), 2–3 Prisen milder Madras-Curry, 2 Prisen gemahlener Kumin, 2 TL Rapsöl, 300–350 ml Gemüsebrühe, 3 EL Dosentomaten oder Tomatensaft, 1 EL Frischkäse mit Joghurt (14 % Fett), ¼ Zitrone, Salz, weißer Pfeffer, 30 g Granatapfelkerne, einige Minzeblättchen

SO GEHT'S Möhrenscheiben, Zwiebel- und Knoblauchwürfel, Reis und Gewürze in einem kleinen Topf in Öl bei mittlerer Hitze andünsten. 150 ml heiße Brühe unterrühren und die Flüssigkeit einkochen. 150 ml Brühe und die Tomaten zugeben und weiterkochen, bis der Reis al dente (bissfest) ist. Frischkäse und eventuell etwas Brühe unterrühren. Risotto mit Zitronensaft, Salz und Pfeffer abschmecken, mit Granatapfelkernen und Minze anrichten.

FERTIG IN 30 Minuten **PORTION** ca. 355 kcal, E 8 g, F 12 g, KH 53 g, ED 0,8

KARTOFFEL-FISCH-GRATIN
1 Portion

ZUTATEN 150 g MSC-Lengfischfilet, ½ Bio-Zitrone, 150 g Kartoffeln, 2 TL Olivenöl, 3–4 EL Gemüsebrühe, 20 g Feta-Käse (22 g Fett), 2 Lauchzwiebeln, 100 g Tomaten, Salz, 1–2 Prisen gemahlener Piment, ½ TL Oreganoblättchen, 1–2 EL Kapern

SO GEHT'S Backofen auf 200 Grad, Umluft 180 Grad, Gas Stufe 4 vorheizen. Fischstreifen in Zitronensaft marinieren. Kartoffeln in dünne Scheiben hobeln und in eine kleine, mit 1 TL Öl gefettete ofenfeste Form dachziegelartig legen. Brühe dazugeben und im Backofen 20–25 Minuten garen. Fisch, Käsewürfel, Lauchzwiebelringe und Tomatenhälften mit Salz, Piment, Oregano, abgeriebener Zitronenschale und Kapern mischen. Fisch-Mix auf die vorgegarten Kartoffeln geben, mit restlichem Öl beträufeln und weitere 10–15 Minuten im Backofen garen.

FERTIG IN 45 Minuten **PORTION** ca. 425 kcal, E 37 g, F 14 g, KH 33 g, ED 0,7

FORELLEN-CRÊPES MIT FENCHEL
1 Portion

ZUTATEN 1 Bio-Ei (Größe M), 100 ml Milch (1,5 % Fett), 1 TL TK-Gemischte Kräuter, Salz, 2 EL Mehl (Type 1050), 1 Fenchelknolle (200 g), Pfeffer, ½ Bio-Orange, 1 Tomate (ca. 70 g), ca. ½ EL Rapsöl, 60 g Räucherforellenfilet, 1 TL Senf, 2 EL Naturjoghurt (1,5 % Fett)

SO GEHT'S Ei, Milch, Kräuter, 1 Prise Salz und Mehl verrühren. Fenchelscheiben in 3–4 EL Wasser, Salz, Pfeffer und etwas abgeriebener Orangenschale etwa 4–5 Minuten zugedeckt garen. Tomatenstreifen unterrühren, weitere 2 Minuten offen garen. Den Boden einer mittelgroßen beschichteten Pfanne gleichmäßig mit Öl auspinseln. Nacheinander zwei dünne Crêpes backen. Forellenfilet zerpflücken, mit Senf, Joghurt, ein paar Spritzern Orangensaft, Salz und Pfeffer verrühren und die Creme auf die Crêpes streichen. Aufrollen und mit Fenchelgemüse anrichten.

FERTIG IN 25 Minuten **PORTION** ca. 470 kcal, E 36 g, F 18 g, KH 40 g, ED 0,8

SCAMPI IN ROSMARIN-TOMATENSOSSE
1 Portion

ZUTATEN 150 g rohe geschälte Garnelenschwänze, 2 Zwiebeln, 2 Knoblauchzehen, ½ TL Rosmarinnadeln, ½ EL Olivenöl, 1 Saftorange, 1 EL Apfelessig, ½ TL Zucker, 3–4 Petersilienstängel, ½ Dose Cherrytomaten (140 g), 5 grüne Oliven ohne Stein, evtl. 1 Salatblatt, 1 Weizenbrötchen (30 g)

SO GEHT'S Garnelen abspülen, trocken tupfen und den schwarzen Darm entfernen. Zwiebelringe, zerdrückten Knoblauch und Rosmarin in Olivenöl 4 Minuten in einem kleinen Topf bei mittlerer Hitze andünsten. Orangensaft, Essig, Zucker, grob gehackte Petersilie und Tomaten zugeben und weitere 5 Minuten dünsten. Garnelen und Oliven auf die Tomatensoße legen und etwa 3–4 Minuten zugedeckt garen. Mit Salatblatt und Brötchenscheiben anrichten.

FERTIG IN 25 Minuten **PORTION** ca. 380 kcal, E 35 g, F 11 g, KH 31 g, ED 0,7

TIPP Restliche Dosentomaten für „Pasta mit American Sugo" (Seite 39) verwenden.

ZWIEBELFISCH MIT MÖHREN
1 Portion

ZUTATEN 15 g frische Ingwerknolle, 1 Sternanis, 80 g Kichererbsen aus der Dose, 150 g Möhren, 80 ml Apfel-Mango-Saft oder Apfelsaft, Salz, weißer Pfeffer, 150 g MSC-Seelachsfilet, ½–1 Zitrone, 1 TL helle japanische Sojasoße, 2 TL Sesamöl, 1–2 Lauchzwiebeln

SO GEHT'S Den Backofen auf 200 Grad, Umluft 180 Grad, Gas Stufe 4 vorheizen. Ingwerwürfel, Sternanis, abgetropfte Kichererbsen und dünne Möhrenscheiben in Apfel-Mango-Saft in einem kleinen Topf aufkochen und bei mittlerer Hitze 8–10 Minuten zugedeckt garen. Gemüse salzen und pfeffern. Fisch in 1 cm dicke Tranchen schneiden. 2 EL Zitronensaft, Sojasoße, Sesamöl und Lauchzwiebelringe verrühren. Marinade und Fischtranchen vermengen und

auf einem ofenfesten Teller anrichten. Etwas salzen und auf dem Backofenrost auf der mittleren Schiene etwa 5–6 Minuten im vorgeheizten Backofen garen. Den Fisch leicht pfeffern, das heiße Gemüse dazugeben und mit einer Zitronenspalte servieren.

FERTIG IN 25 Minuten **PORTION** ca. 420 kcal, E 34 g, F 12 g, KH 38 g, ED 0,7

TIPP Restliche Kichererbsen im Schraubglas im Kühlschrank aufbewahren (halten sich 4 Tage) oder für „Türkische Joghurtsuppe" (Seite 36) oder „Zwiebelfisch mit Erbsenpüree" (Seite 21) verwenden.

LACHS MIT BUNTER HIRSE
1 Portion

ZUTATEN 1 Tomate (ca. 100 g), ½ rote Paprikaschote, 1 Minigurke, 1 Lauchzwiebel, 1 TL Olivenöl, 1 TL milder Weißweinessig, grobes Meersalz, ½ Zitrone, Pfeffer, 100 g MSC-Wildlachsfilet ohne Haut (frisch oder TK), 1 Thymianzweig, 40 g Hirse, 120 ml Instant-Misosuppe oder Gemüsebrühe, 1 Knoblauchzehe

SO GEHT'S Tomate, Paprika und Gurke fein würfeln. Lauchzwiebel hacken. Gemüse mit Öl, Essig, 1 TL Wasser und Meersalz verrühren und mit etwas Zitronensaft und Pfeffer abschmecken. Lachs mit 1 TL Zitronensaft beträufeln, salzen und mit Thymianzweig belegen. Lachs in zwei Bögen nasses Pergamentpapier einwickeln und in einen Dämpfeinsatz setzen. Hirse in einem Sieb heiß abwaschen, dann kalt abspülen. Misosuppe, Knoblauchzehe und 1 Prise Meersalz im Dämpftopf aufkochen. Hirse zugeben. Dämpfeinsatz mit Lachs einsetzen, etwa 4 Minuten bei mittlerer Hitze garen. Lachs herausnehmen. Hirse weitere 2–3 Minuten zugedeckt garen. Hirse und Gemüse verrühren und mit Lachs anrichten.

FERTIG IN 25 Minuten **PORTION** ca. 385 kcal, E 26 g, 13 g Fett, KH 41 g, ED 0,7

TÜRKISCHE JOGHURTSUPPE
1 Portion

ZUTATEN 200 g Naturjoghurt (1,5 % Fett),
100 ml Kefir, ½ Bio-Zitrone, 1 Messerspitze gemahlener
Kumin, 100 g vorgegarter Rotkohl (Glas oder
Beutel), 2 EL Kichererbsen aus der Dose, 50 g Krebsfleisch, 2–3 Prisen geröstete Sesamsaat

SO GEHT'S Joghurt, Kefir, 2 EL Wasser, etwas abgeriebene
Zitronenschale und Kumin verrühren und ½ Stunde kalt
stellen. Rotkohl, Kichererbsen und Krebsfleisch in einen
tiefen Teller geben, mit kalter Joghurtsuppe begießen und
mit Sesam bestreuen.

DAZU 3 Miniknäcke mit Sesam und Mohn

FERTIG IN 10 Minuten ohne Wartezeit **PORTION**
ca. 365 kcal, E 30 g, 11 g Fett, KH 33 g, ED 0,7

TIPP Restliche Kichererbsen mit Sud in einem
Schraubglas kalt stellen und für „Zwiebelfisch mit
Möhren" (Seite 34) verwenden.

LIMETTEN-KOKOS-REIS
1 Portion

ZUTATEN 100 g Hähnchen- oder Putenbrustfilet, 10 g frische Ingwerknolle, 1 Knoblauchzehe, 100 ml fettreduzierte Kokosmilch (14 g Fett), 1 Limette, 40 g Parboiled-Reis, 100 ml klare Hühnerbouillon, Salz, 150 g TK-Gartengemüse, einige Koriander- oder Petersilienstängel, weißer Pfeffer

SO GEHT'S Hähnchenstreifen, zerdrückten Ingwer und Knoblauch, Kokosmilch und 2 EL Limettensaft vermengen. Reis, Hühnerbouillon und Salz in einem kleinen Topf aufkochen und 6–8 Minuten bei schwacher Hitze kochen. Gartengemüse in einem zweiten Topf nach Packungsanwei-sung kochen. Fleisch und Marinade zum Reis geben und weitere 5–6 Minuten garen. Abgetropftes Gemüse und fein gehackten Koriander unter den Reis rühren und mit Salz, Pfeffer und eventuell etwas Limettensaft abschmecken.

FERTIG IN 25 Minuten **PORTION** ca. 465 kcal, E 33 g, 13 g Fett, KH 51 g, ED 0,8

TIPPS Restliche Kokosmilch für „Tomaten-Kokos-Suppe" (Seite 17) verwenden. Falls Sie keine fett-reduzierte Kokosmilch bekommen können, einfach Kokosmilch und Brühe zu gleichen Teilen nehmen.

BRACIOLE MIT SPINATNUDELN
2 Portionen

ZUTATEN 2 Knoblauchzehen, ½ Bund Petersilie, ½ rote Zwiebel, 2 getrocknete Tomaten, 15 g Vollkornsemmelbrösel, 1 EL frisch geriebener Parmesankäse, 2 hauchdünne Rinderrouladen aus der Keule à 100 g, Salz, Pfeffer, 1 TL Olivenöl, ½ Glas Rinderfond (200 ml), ½ Paket Blattspinat mit Mozzarella (150 g), 125 g Dinkel-Fusilli, 100 g Tomaten

SO GEHT'S Knoblauch, Petersilie, Zwiebel und Tomaten fein hacken. Brösel und Käse untermischen. ½ EL davon abnehmen. Fleischscheiben salzen, pfeffern und mit den Bröseln bestreuen. Zusammenrollen und mit Holzspießen fixieren. In Olivenöl bei mittlerer Hitze kurz anbraten. Fond zugeben und ca. 1 Stunde zugedeckt schmoren. Spinat und Nudeln nach Packungsanweisung garen und mischen. Rouladen mit restlichen Bröseln bestreuen und mit Tomatenscheiben, Soße und Spinatnudeln anrichten.

FERTIG IN 1 Stunde 30 Minuten **PRO PORTION** ca. 475 kcal, E 34 g, F 17 g, KH 47 g, ED 1,0

TIPP Rouladen garen lange, darum am besten gleich die doppelte Menge zubereiten.

EIERFLOCKENSUPPE
2 Portionen

ZUTATEN 250 g TK-Wok-Gemüse, ½ l Rinderfond oder Rindsbouillon, 20 g frische Ingwerknolle, 1 EL Weißweinessig, 2–3 TL Sojasoße, 80 g magerer Schweinebraten-Aufschnitt, 2 Bio-Eier (Größe M), 6 Brot-Chips

SO GEHT'S Gemüse nach Packungsanweisung kurz in 1–2 EL Wasser auf höchster Stufe erhitzen und etwa 2 Minuten garen. Rinderfond, fein gehackten Ingwer, Essig und Sojasoße aufkochen. Bratenfleisch hacken und dazugeben. Eier verquirlen und bei kleiner Hitze langsam in die Suppe laufen lassen. Etwa 30 Sekunden ziehen lassen, dann mit einem Stäbchen kräftig durchrühren. Gemüse zur Suppe geben und 2 Minuten erwärmen. Mit Brot-Chips anrichten.

FERTIG IN 15 Minuten **PRO PORTION** ca. 320 kcal, E 23 g, F 12 g, KH 14 g, ED 0,6

PASTA MIT AMERICAN SUGO
1 Portion

ZUTATEN 2 Selleriestangen (80 g), 2 Schalotten, 1 Knoblauchzehe, 2 TL Olivenöl, ½ Dose Cherrytomaten (140 g), ¼ TL gemahlener Zimt, 1 Nelke, ½ TL Italienische Kräuter, 70 g deutsches Corned Beef, 60 g Spaghetti integrali, Salz, 1 EL gehackte Petersilie (frisch oder TK), 1–2 Prisen Zucker, Tabasco

SO GEHT'S Sellerieblätter abschneiden und beiseitelegen. Selleriestangen, Schalotten und Knoblauch fein würfeln und in einem kleinen Topf in Olivenöl kurz andünsten. Tomaten, Gewürze und Fleischwürfel zugeben und etwa 10 Minuten zugedeckt garen. Pasta nach Packungsanweisung in Salzwasser garen. Petersilie zum Sugo geben, mit Zucker, Tabasco und Salz abschmecken. Pasta abgießen. 2–3 EL Nudelwasser auffangen, mit der abgetropften Pasta zur Soße geben und mit Sellerieblättern anrichten.

FERTIG IN 25 Minuten **PORTION** ca. 410 kcal, E 27 g, F 12 g, KH 49 g, ED 0,8

TIPP Restliche Dosentomaten für „Scampi in Rosmarin-Tomatensoße" (Seite 33) verwenden.

ZWEIERLEI-ERBSEN-SUPPE
2 Portionen

ZUTATEN 3 Lauchzwiebeln, 2 Knoblauchzehen, 1 EL Olivenöl, 1 Dose Kichererbsen (240 g), 1 TL milder Madras-Curry, 400 ml Gemüsefond oder -brühe, 10 ml Bio-Milch (1,5 % Fett), 3 TL Kartoffelpüreeflocken, 1 rote Paprikaschote (200 g), 100 g Zuckererbsenschoten, Salz, Pfeffer, 50 g Schafkäse (8 g Fett), ½ Bund Schnittlauch

SO GEHT'S Lauchzwiebeln und Knoblauch fein hacken und in Olivenöl andünsten. Kichererbsen, Curry und Gemüsefond zugeben und aufkochen. 3–4 EL Kichererbsen herausnehmen, den Rest pürieren. Milch zugeben und aufkochen. Püreeflocken unterrühren und 1 Minute mit dem Schneebesen glatt rühren. Paprika und Zuckererbsenschoten in Streifen schneiden und in der Suppe 2–3 Minuten kochen. Restliche Kichererbsen zugeben, Suppe mit Salz und Pfeffer abschmecken. Mit Käsestücken und Schnittlauchhalmen anrichten.

FERTIG IN 25 Minuten **PRO PORTION** ca. 325 kcal, E 18 g, F 12 g, KH 37 g, ED 0,5

TAGLIATELLE MIT KUMIN-ORANGENSOSSE
1 Portion

ZUTATEN ½ Paprikaschote, 2 Selleriestangen, 50 g Hartweizen-Tagliatelle, Salz, 125 g rohe geschälte Garnelenschwänze, Kuminsaat, ½ EL Olivenöl, Rosenpaprika, 1 Saftorange, ½ TL scharfer Senf, 1 TL Frischkäse mit Joghurt (14 % Fett), 1–2 Spritzer Worcestersoße, weißer Pfeffer, 1 EL Schnittlauchröllchen

SO GEHT'S Paprika in Stücke, Sellerie in Ringe schneiden. Nudeln nach Packungsanweisung in Salzwasser garen, beim Abgießen etwa 1 Tasse Nudelwasser auffangen. Garnelen mit Kumin bestreuen und in Olivenöl in einer kleinen Pfanne von jeder Seite etwa 2–3 Minuten braten. Herausnehmen und abgedeckt warm stellen. Gemüse im Bratfett andünsten, 3–4 EL Nudelwasser und je 1–2 Prisen Kumin und Rosenpaprika zugeben und 3 Minuten bei mittlerer Hitze ohne Deckel garen. Orangensaft, Senf und Frischkäse unterrühren und die Soße etwas einkochen. Mit Worcestersoße, Salz und Pfeffer abschmecken. Nudeln und Schnittlauchröllchen untermischen und mit Garnelen anrichten.

FERTIG IN 25 Minuten **PORTION** ca. 460 kcal, E 36 g, 13 g Fett, KH 48 g, ED 1,0

MÖHREN MIT SOJAHACK

1 Portion

ZUTATEN 250 g gleichmäßig große Möhren, 2 Lauchzwiebeln, 1 Knoblauchzehe, 50 g Tofu oder Räuchertofu,
½ Chilischote, ¼ TL Kuminsaat, ½ EL Olivenöl, 100 g
Beefsteakhack (Tatar), evtl. 2 EL klare Hühnerbouillon,
Salz, Edelsüßpaprika, gemahlener Zimt

SO GEHT'S Möhren schälen. 1 große Tasse heißes Wasser in
einen Dämpftopf geben, Möhren in den Dämpfeinsatz legen, Topf schließen und aufkochen. Wenn Dampf austritt,
auf mittlere Hitze zurückschalten und Möhren 4–6 Minuten je nach Dicke dämpfen. Lauchzwiebeln, Knoblauch und
Tofu klein schneiden. Chili fein hacken. Mit Kuminsaat in
Olivenöl andünsten. Hack zugeben und krümelig braun
braten. Lauchzwiebeln, Knoblauch und Tofu unterrühren
und weitere 3–4 Minuten braten. Eventuell Bouillon unterrühren. Hackfleisch mit Salz, Paprika und 1–2 Prisen Zimt
abschmecken und mit den Möhren anrichten.

FERTIG IN 25 Minuten **PORTION** ca. 335 kcal, E 33 g,
14 g Fett, KH 18 g, ED 0,7

REISTOPF FRUTTI DI MARE

1 Portion

ZUTATEN 125 g TK-Frutti di Mare (Meeresfrüchte-Mix), 75 g Zuckerschoten oder TK-Erbsen, ½ Zwiebel, 1 Fleischtomate (ca. 200 g), 200 ml klare Hühnerbouillon, 1 Knoblauchzehe, 1 Messerspitze Kurkuma, 1 EL gehackte Petersilie (frisch oder TK), 40 g Parboiled-Reis, 1 kleiner Rosmarinzweig, 2 TL Olivenöl, Salz, Cayennepfeffer

SO GEHT'S Meeresfrüchte nach Packungsanleitung auftauen. Zuckerschoten putzen. Zwiebel hacken. Tomate grob würfeln. Hühnerbouillon, zerdrückte Knoblauchzehe, Kurkuma und Petersilie verrühren. Zwiebel, Reis und Rosmarinnadeln in Olivenöl andünsten. Gewürzte Brühe und die Hälfte der Tomatenwürfel zugeben. Aufkochen und 10–12 Minuten bei mittlerer Hitze zugedeckt garen. Zuckerschoten und Meeresfrüchte zugeben. Weitere 5 Minuten bei kleiner Hitze offen garen. Restliche Tomatenwürfel unterheben, mit Salz und Cayennepfeffer abschmecken.

FERTIG IN 25 Minuten ohne Wartezeit
PORTION ca. 390 kcal, E 25 g, F 11 g, KH 46 g, ED 0,5

CALZONE VERDURE
1 Portion

ZUTATEN 1 Zucchini (80 g), 50 g Champignons, 3–4 Cocktailtomaten, 1 Bund Rauke, 40 g geraffelter Pizzakäse (15 g Fett), 5–6 grüne Oliven ohne Stein, 3 EL Tomatensoße aus dem Glas, Salz, grober Pfeffer, 1 Yufka-/Filo-Teigblatt (80 g), 1 TL Olivenöl, 2–3 Prisen Sumach oder Edelsüßpaprika

SO GEHT'S Backofen auf 220 Grad, Umluft 200 Grad, Gas Stufe 5 vorheizen. Zucchini grob würfeln. Pilze und Tomaten halbieren. Die Hälfte der Rauke grob hacken. Alles mit Käse, Oliven und 2 EL Tomatensoße vermengen. Salzen und pfeffern. Teigblatt auf einem mit Backpapier ausgelegten Backblech ausbreiten. Restliche Tomatensoße und 1 EL Wasser verrühren und das Teigblatt damit bestreichen. Füllung in die Mitte geben. Seitenränder einschlagen und Teigblatt aufrollen. Olivenöl und 1 TL Wasser verrühren und damit die Teigrolle bestreichen. Im Backofen ca. 12–15 Minuten backen. Mit Sumach würzen und auf restlicher Rauke anrichten.

FERTIG IN 30 Minuten **PORTION** ca. 485 kcal, E 24 g, F 14 g, KH 65 g, ED 1,3

GNOCCHI MIT PFIFFERLINGEN
1 Portion

ZUTATEN 2 EL pflanzliche Kochcreme (7 % Fett), 2 TL körniger Senf, Salz, 2 Lauchzwiebeln, 125 g Pfifferlinge, 80 g Cocktailtomaten, 1 EL frische Thymianblättchen, 1 Knoblauchzehe, 2 TL Olivenöl, Pfeffer, 150 g küchenfertige Gnocchi (Kühlregal)

SO GEHT'S Kochcreme, Senf und 1 Prise Salz verrühren. Lauchzwiebeln in 10 cm lange Stücke schneiden. Pfifferlinge putzen. Tomaten halbieren. Pilze, Thymian und zerdrückten Knoblauch in einer kleinen Pfanne in Olivenöl andünsten. Lauchzwiebeln zugeben und weitere 2–3 Minuten unter Rühren oder Schwenken garen. Tomaten untermischen und das Ganze salzen und kräftig pfeffern. Gnocchi nach Packungsanweisung zubereiten. Abgießen, 2–3 EL Kochwasser auffangen und mit Senfcreme und Gnocchi verrühren. Gnocchi mit Pilzgemüse anrichten.

FERTIG IN 25 Minuten **PORTION** ca. 400 kcal, E 8 g, F 11 g, KH 64 g, ED 0,9

OFENGEMÜSE MIT SCHAFKÄSE-JOGHURT

2 Portionen

ZUTATEN 300 g Fingermöhren oder dünne Möhren, 1 Kohlrabi mit Grün (ca. 200 g), 2 Knoblauchzehen, 1 EL Olivenöl, 2 EL Orangensaft, je ¼ TL Piment- und Pfefferkörner, 1 Dose Kichererbsen (280 g), 1 rote Zwiebel, 150 g Naturjoghurt (1,5 % Fett), 40 g Schafkäse (19 g Fett), 2 EL Zitronensaft, einige Korianderblätter, 1 TL Gomasio (Sesam-Salz)

SO GEHT'S Backofen auf 200 Grad, Umluft 180 Grad, Gas Stufe 4 vorheizen. Möhren und Kohlrabi schälen. Kohlrabigrün abschneiden und die schönen Blätter in feine Strei-

fen, Kohlrabi in lange Stifte schneiden. Gemüse, Knoblauchscheiben, Olivenöl, Orangensaft, grob zerstoßenen Piment und Pfeffer vermischen. Auf ein Backblech verteilen und 15 Minuten im Ofen garen. Kichererbsen, Kohlrabiblätter und Zwiebelringe untermischen und weitere 5 Minuten in den Backofen geben. Joghurt, Schafkäse und Zitronensaft pürieren. Gemüse mit Joghurt anrichten und mit Koriander und Gomasio bestreuen.

FERTIG IN 30 Minuten **PRO PORTION** ca. 410 kcal, E 20 g, F 15 g, KH 46 g, ED 0,7

ROMADUR-PASTA MIT LÖWENZAHN
1 Portion

ZUTATEN 1–2 EL Kapern, 1 TL Olivenöl, 180 ml Instant-Gemüsebrühe, 2–3 EL pflanzliche Kochcreme (7 % Fett), 2 Knoblauchzehen, 50 g Wok-Instant-Nudeln, 50 g Löwenzahn oder Rauke, 50 g Romadur- oder Limburger Weichkäse (9 % Fett i. Tr.), 80 g Cocktailtomaten, Muskat, Salz, weißer grober Pfeffer

SO GEHT'S Kapern in Olivenöl in einer Pfanne knusprig braten. Kapern herausnehmen. Gemüsebrühe, Kochcreme und zerdrückten Knoblauch in die Pfanne geben und aufkochen. Wok-Nudeln zugeben und 3–4 Minuten bei mittlerer Hitze kochen lassen. Löwenzahn grob hacken. Romadur würfeln. Beides und die Tomaten unter die Pasta rühren und ca. 2 Minuten erhitzen. Mit Muskat, Salz und Pfeffer abschmecken und mit Kapern bestreuen. Sofort servieren.

FERTIG IN 15 Minuten **PORTION** ca. 395 kcal, E 20 g, F 13 g, KH 50 g, ED 0,8

TIPP Romadur und Limburger sind identisch: Bis 180 g Gewicht heißt der bayerische Rotschmier-Weichkäse Romadur, darüber Limburger.

PFEFFERCREMESUPPE
2 Portionen

ZUTATEN 2 Tomaten (100 g), Salz, 1 Gemüsezwiebel (300 g), 1 gelbe Paprikaschote, ½ l Instant-Gemüsebrühe, 100 ml pflanzliche Kochcreme (7 % Fett), 3 EL ungeschälte rote Linsen, ¼ TL Kurkuma, ½ TL grober weißer Pfeffer, 2 Tortilla-Wraps à 45 g, 2 Lauchzwiebeln, 40 g geraffelter Pizzakäse (15 g Fett)

SO GEHT'S Tomaten klein schneiden und salzen. Gemüsezwiebel und Paprika grob würfeln. Gemüsezwiebel, Paprika, heiße Gemüsebrühe, 4 EL Kochcreme, Linsen, Kurkuma und Pfeffer aufkochen und etwa 15 Minuten bei mittlerer Hitze zugedeckt garen. Backofengrill vorheizen. Tortilla-Wraps auf ein mit Backpapier ausgelegtes Backblech legen. Mit Lauchzwiebelringen (1–2 EL zurückbehalten) und Pizzakäse bestreuen und mit restlicher Kochcreme beträufeln. Tortilla-Wraps etwa 1–2 Minuten unter dem Grill überbacken, herausnehmen und in breite Streifen schneiden. Suppe pürieren und mit Salz und Pfeffer pikant abschmecken. Tomaten und restliche Lauchzwiebeln zugeben und mit Tortillastreifen anrichten.

FERTIG IN 35 Minuten **PRO PORTION** ca. 360 kcal, E 18 g, F 11 g, KH 47 g, ED 0,6

LACHS MIT LIMETTENÖL
1 Portion

ZUTATEN ½ EL Olivenöl, 1 Limette, 70 g Eisbergsalat, 150 g Honig- oder Galia-Melone, 3 EL Naturjoghurt (1,5 % Fett), grobes Meersalz, weißer Pfeffer, 125 g MSC-Lachsfilet (frisch oder TK), 2 EL Bratöl für die Pfanne

SO GEHT'S Olivenöl, 1 TL Limettensaft und abgeriebene Limettenschale verrühren. Blattsalat in feine Streifen streifen. Melone würfeln. Restlichen Limettensaft, Joghurt, Meersalz und Pfeffer verrühren. Fischfilet abspülen und trocken tupfen. Bratöl in eine kleine beschichtete Pfanne geben. Pfanne komplett mit einem Stück Backpapier auslegen,

das Papier soll über den Rand stehen. Pfanne erhitzen und den Fisch bei mittlerer Hitze 2 Minuten braten. Wenden und weitere 2–3 Minuten garen. Salat, Melone und Dressing mischen. Fisch salzen, mit Limettenöl beträufeln und mit Salat anrichten.

FERTIG IN 15 Minuten **PORTION** ca. 340 kcal, E 28 g, F 15 g, KH 21 g, ED 0,9

TIPP Das Bratöl wird nicht mitverzehrt, Sie können es erneut verwenden.

COUSCOUS-TOMATE
1 Portion

ZUTATEN 3 EL Instant-Couscous, 2 TL Olivenöl, 1 Fleischtomate (ca. 350 g), 2 Aprikosen, ½ rote Chili-schote, 1–2 Lauchzwiebeln, 100 g Beefsteakhack (Tatar), Salz, ½ TL arabische Gewürzmischung oder Gyros-Gewürz, 1 TL gehackte Kräuter (frisch oder TK), 100 g Naturjoghurt (1,5 % Fett), 1 TL Zitronensaft, 2–3 Prisen Gomasio (Sesam-Salz)

SO GEHT'S Backofen auf kleinster Stufe vorheizen. Cous-cous in einen Topf geben, mit 60–80 ml siedendem Wasser begießen und 10 Minuten quellen lassen. Dann 1 TL Öl unterrühren. Von der Tomate den Deckel abschneiden. To-mate aushöhlen und im Backofen warm stellen. Aprikosen, Tomateninneres und -deckel fein würfeln. Chilischote und Lauchzwiebeln fein hacken, mit Hackfleisch in einer klei-nen Pfanne in restlichem Öl krümelig braten. Salzen und würzen. Couscous, Aprikosen- und Tomatenwürfel unter-rühren und 2–3 Minuten erhitzen. Kräuter zugeben und pikant abschmecken. Couscous in die Tomate füllen. Jo-ghurt, Zitronensaft und Gomasio verrühren und über die Tomate träufeln.

FERTIG IN 25 Minuten **PORTION** ca. 470 kcal, E 34 g, F 16 g, KH 46 g, ED 0,6

TIPP Für das Menü 4 mittelgroße Tomaten anstelle der Fleischtomate nehmen.

HEILBUTT AUF SOJAGEMÜSE
1 Portion

ZUTATEN 150 g MSC-Pazifik-Heilbutt, 100 g kleine Kartoffeln, 1–2 Knoblauchzehen, 2 TL Olivenöl, grobes Meersalz, 1 Möhre (ca. 100 g), 100 g Zuckerschoten oder TK-Erbsen, ⅛ l Instant-Misosuppe oder klare Hühnerbouillon, 1–2 TL helle japanische Sojasoße, ½–1 TL Senf, einige Koriander- oder Petersilienblätter

SO GEHT'S Fisch abspülen und trocken tupfen. Kartoffeln und Knoblauch in feine Scheiben schneiden. In einer kleinen Pfanne in Olivenöl anbraten. Etwas salzen. Feine Möhrenstreifen, Zuckerschoten und Misosuppe zugeben und 3–5 Minuten bei mittlerer Hitze zugedeckt garen. Fisch auf einem Stück Back- oder Butterbrotpapier in den Einsatz eines Dämpftopfes geben. 1–2 Tassen heißes Wasser zufügen. Topf schließen, aufkochen und etwa 4–6 Minuten (je nach Dicke des Fischs) bei mittlerer Hitze dämpfen. Gemüse mit Sojasoße und Senf abschmecken. Fisch und Gemüse mit Korianderblättchen bestreuen.

FERTIG IN 25 Minuten **PORTION** ca. 380 kcal, E 36 g, F 12 g, KH 30 g, ED 0,6

KALTE AVOCADOSUPPE
2 Portionen

ZUTATEN 1 Bund Rauke (ca. 60 g), 1 Lauchzwiebel, 1–2 Tomaten (ca. 100 g), 1 reife Avocado, ½ l Buttermilch, Salz, Cayennepfeffer, Kumin, 50 g gekochte Eismeer-Garnelen, 1 Dose Maiskörner (140 g), 1 Limette

SO GEHT'S Raukestiele abschneiden. Lauchzwiebel fein hacken. Tomaten entkernen. ¾ der Rauke, Avocadofleisch, Tomatenkerne, Lauchzwiebel und Buttermilch pürieren. Mit Salz, Cayennepfeffer und Kumin abschmecken und kalt stellen. Restliche Rauke und Tomaten grob hacken. Mit Garnelen, Mais und Limettensaft vermengen. Suppe und Einlage auf 2 tiefe Bowls oder Suppentassen verteilen und mit etwas Cayennepfeffer bestäuben.

FERTIG IN 15 Minuten **PRO PORTION** ca. 375 kcal, E 18 g, F 19 g, KH 31 g, ED 0,7

PUTEN-KEBAB MIT DILL-DIP
1 Portion

ZUTATEN 4 EL Aprikosensaft, ½ EL Olivenöl, 1–2 Prisen Chiliflocken, ½ TL Anis- oder Fenchelsamen, grobes Meersalz, 150 g Putenbruststeak, 2–3 Lauchzwiebeln, 100 g Naturjoghurt (1,5 % Fett), 2 TL gehackter Dill (frisch oder TK), Salz, bunter Pfeffer, 150 g Sommerpflaumen

SO GEHT'S 2 EL Aprikosensaft, Olivenöl, Chiliflocken, Anis und Meersalz verrühren und 2 x 2 cm große Fleischwürfel 10 Minuten darin marinieren. ½ Lauchzwiebel fein hacken. Mit Joghurt, Dill und restlichem Aprikosensaft verrühren. Den Dip mit Salz und Pfeffer abschmecken. Restliche Lauchzwiebeln in ca. 3 cm lange Stücke schneiden. Fleischwürfel, Lauchzwiebeln und Pflaumenhälften abwechselnd auf 2 Spieße stecken. Die Spieße auf dem Elektrogrill oder in der Aluschale auf dem Holzofengrill bei mittlerer Hitze unter mehrmaligem Wenden 8–10 Minuten grillen. Spieße mit Dill-Dip anrichten.

DAZU 1 Vollkorntoast

FERTIG IN 35 Minuten **PORTION** ca. 470 kcal, E 45 g, F 11 g, KH 46 g, ED 0,9

LAMMTOPF MIT KOKOSGEMÜSE

2 Portionen

ZUTATEN 60 g ungeschälte rote Linsen, 150 g kleine Kartoffeln, 1 dünne Porreestange (ca. 100 g), 200 g grüne Bohnen (frisch oder TK), 150 g Lammrückenfilet (Lammlachs), Salz, weißer Pfeffer, ½ EL Olivenöl, Edelsüßpaprika, 150 ml klare Hühnerbouillon, 125 ml fettreduzierte Kokosmilch (14 g Fett), ½ Limette

SO GEHT'S Linsen abspülen und in 150 ml kaltem Wasser aufkochen. Vom Herd nehmen und etwa 10 Minuten zugedeckt quellen lassen. Kartoffeln längs vierteln. Porree in 2 cm dicke Ringe schneiden. Bohnen putzen. Lammfleisch salzen und pfeffern. Olivenöl bei mittlerer Hitze in einem kleinen Topf erhitzen. Lammfleisch darin von allen Seiten etwa 3–5 Minuten garen. Fleisch herausnehmen, in Alufolie wickeln und warm stellen. Kartoffeln, Porree und Bohnen im Bratfett wenden und mit Paprika bestreuen. Bouillon und Kokosmilch zugeben und etwa 15 Minuten bei mittlerer Hitze zugedeckt garen. Abgetropfte Linsen zugeben und 2–3 Minuten erwärmen. Gemüse mit Salz, Pfeffer und Limettensaft abschmecken. Fleisch in Scheiben schneiden und auf dem Kokosgemüse anrichten.

FERTIG IN 40 Minuten **PRO PORTION** ca. 405 kcal, E 34 g, F 16 g, KH 31 g, ED 0,7

TIPP Restliche Kokosmilch einfrieren oder für „Tomaten-Kokos-Suppe" (Seite 17) oder „Limetten-Kokos-Reis" (Seite 37) verwenden.

TOFU-OMELETT MIT SALSA

1 Portion

ZUTATEN 1 Pfirsich (125 g), 1 Tomate (ca. 100 g), 2 Lauchzwiebeln, 1–2 TL körniger Senf, 1 TL Agavendicksaft, ½ TL Edelsüßpaprika, Pfeffer, ½ Limette, 50 g Tofu, 1 Bio-Ei (Größe M), 2–3 EL Milch (1,5 % Fett), Salz, 1 TL Sojasoße, Tabasco grün, Öl zum Braten, ½ Handvoll Rauke

SO GEHT'S Pfirsich und Tomate würfeln. Lauchzwiebeln fein hacken. 1 EL Lauchzwiebeln beiseitestellen. Senf, Agavendicksaft, Gewürze und Limettensaft verrühren und mit Pfirsich, Tomate und Lauchzwiebeln vermischen. Tofu fein hacken. Ei, Milch, Salz, Sojasoße, Tofu und ein paar Spritzer Tabasco verrühren. Eine mittelgroße beschichtete Pfanne mit Öl ausstreichen und erhitzen. Eimasse zugeben und durch Schwenken der Pfanne verteilen. Etwa 2–3 Minuten braten. Restliche Lauchzwiebel auf das Omelett streuen. Omelett zusammenklappen, von der Kochstelle nehmen, zugedeckt 3–4 Minuten nachgaren lassen. Rauke klein schneiden, zu Salsa und Omelett anrichten.

FERTIG IN 20 Minuten **PORTION** ca. 330 kcal, E 21 g, F 15 g, KH 27 g, ED 0,6

MAKRELENFILET AUS DEM OFEN

1 Portion

ZUTATEN ½ Zitrone, 1 frisches küchenfertiges MSC-Makrelenfilet (150 g), Pfeffer, 2 TL TK-Italienische Kräuter, 150 g Möhren, 1 Zwiebel, 1 Minigurke (ca. 120 g), 150 ml Fischfond, 1 Knoblauchzehe, 1–2 TL Salatcreme (9 g Fett), grobes Meersalz

SO GEHT'S Backofen auf 200 Grad, Umluft 180 Grad, Gas Stufe 4 vorheizen. Ein Stück Backpapier (30 x 30 cm) in Wasser einweichen. 2 dünne Scheiben Zitrone abschneiden und beiseitelegen. Fischfilet abspülen, trocken tupfen, auf das ausgebreitete Stück Backpapier legen und mit Zitronensaft beträufeln. Fisch mit Pfeffer und 1 TL Kräuter bestreuen und mit Zitronenscheiben belegen. Backpapier zusammenfalten und den Fisch im Backofen 12–15 Minuten garen.

Möhren, Zwiebel und Gurke in Scheiben schneiden. Fischfond, Möhren, Zwiebel und zerdrückten Knoblauch 2–3 Minuten aufkochen. Gurken und restliche TK-Kräuter zugeben und 6–8 Minuten zugedeckt garen. Gemüse mit Salatcreme verrühren und abschmecken. Fisch mit grobem Meersalz bestreuen.

FERTIG IN 30 Minuten **PORTION** ca. 395 kcal, E 33 g, F 20 g, KH 19 g, ED 0,6

TIPPS Lassen Sie sich eine ganze Makrele vom Fischhändler ausnehmen und in zwei Filets teilen. Das zweite Filet frieren Sie ein. Restlichen Fischfond für „Lachs mit Senf-Tomaten-Soße" (Seite 56) verwenden.

LACHS MIT SENF-TOMATEN-SOSSE
1 Portion

ZUTATEN 120 g MSW-Wildlachsfilet ohne Haut (oder TK-Bio-Lachsfilet), 1 EL Zitronensaft, 1 Tomate, ½ Zwiebel, ca. 1 Tasse Fischfond aus dem Glas oder Instant-Gemüsebrühe, ½ TL gerebelter Thymian, 250 g Kohlrabi, 100 g Möhren, 2 EL Soja-Kochcreme (17 % Fett), 1–2 TL körniger süßer Senf, 1 EL fein gehackte Kräuter (Petersilie, Basilikum, Schnittlauch), Salz, bunter Pfeffer

SO GEHT'S Lachs mit Zitronensaft einreiben. Tomaten- und Zwiebelwürfel, Fond und Thymian in einen Dämpftopf geben. Kohlrabi in dicke Stifte schneiden. Möhren längs vierteln oder halbieren. Gemüse und Fisch in den Dämpfein-satz geben. Topf schließen und aufkochen. Wenn Dampf austritt, auf mittlere Hitze zurückschalten und 6–8 Minu-ten dämpfen. Dämpfeinsatz herausnehmen. Tomatensud und Soja-Kochcreme etwas einkochen. Senf und Kräuter zugeben und mit Salz und Pfeffer abschmecken. Fisch, Ge-müse und Soße auf einem tiefen Teller anrichten.

FERTIG IN 25 Minuten **PORTION** ca. 340 kcal, E 32 g, F 14, KH 19 g, ED 0,5

TIPP Restlichen Fischfond für „Makrelenfilet aus dem Ofen" (Seite 55) verwenden.

SPITZKOHL MIT HACK
1 Portion

ZUTATEN: 150 g Spitzkohl, 10 g frische Ingwerknolle, 1 Schalotte, Salz, 100 ml Gemüsefond oder Instant-Gemüsebrühe, ¼ TL milder Madras-Curry, 1 Tomate (ca. 120 g), 2–3 EL Naturjoghurt (1,5 % Fett), 2 EL Orangensaft, 100 g Beefsteakhack (Tatar), ½ grüne Chilischote, 1 TL Olivenöl, 1 EL Mandelstifte

SO GEHT'S: Kohl in feine Streifen hobeln. Ingwer und Schalotte fein hacken. Alles mischen und kräftig salzen. Gemüsefond und Curry aufkochen. Kohl zugeben und 3–4 Minuten im geschlossenen Topf garen. Tomate vierteln und entkernen. Kerne hacken und mit Joghurt, Orangensaft und Salz verrühren. Tomatenstücke beiseitelegen. Tatar und gehackten Chili in Öl in einer beschichteten Pfanne krümelig braten. Salzen. Mandeln und Tomatenstücke zugeben. Spitzkohl und Hack auf einem großen Teller anrichten und mit Joghurt beträufeln.

FERTIG IN 20 Minuten **PORTION** ca. 320 kcal, E 32 g, F 14 g, KH 16 g, ED 0,7

PENNE GRÜN-WEISS
1 Portion

ZUTATEN 40 g Hartweizen-Penne, 100 g TK-Grüne Bohnen, Salz, ½ Porreestange, 50 g Shiitake-Pilze, 2 TL Olivenöl, ½ TL italienische Gewürzmischung, 100 ml Naturjoghurt (0,1 % Fett), 2 TL Senf, 2 EL gehackte Kräuter (frisch oder TK), Pfeffer, ½ TL Agavendicksaft, 40 g Schafkäse (8 g Fett)

SO GEHT'S Penne und TK-Bohnen in siedendem Salzwasser etwa 6 Minuten kochen. Porreeringe zugeben und weitere 2–3 Minuten kochen. Penne und Gemüse abgießen, dabei eine Tasse Nudelwasser auffangen. Pilzstiele entfernen. Pilzkappen halbieren, in einer kleinen Pfanne in Olivenöl ca. 2–3 Minuten braten. Penne, Gemüse und Gewürzmischung zugeben und zugedeckt stehen lassen. Nudelwasser, Joghurt, Senf und Kräuter verrühren und mit Salz, Pfeffer und Agavendicksaft abschmecken. Soße und Schafkäse unter die Pasta mischen und vor dem Servieren mit viel grobem Pfeffer bestreuen.

FERTIG IN 25 Minuten **PORTION** ca. 390 kcal, E 24 g, F 13 g, KH 41 g, ED 0,7

PARMESANNUDELN MIT ZUCCHINI
1 Portion

ZUTATEN 100 ml Gemüsefond oder Instant-Gemüsebrühe, 2–3 Prisen geriebelter Oregano, 1 TL körniger Senf, 250 g Zucchini, 30 g Ziegenfrischkäse (12 % Fett), Salz, weißer Pfeffer, 1 TL Olivenöl, 150 g Schupfnudeln (Kartoffelnudeln; Kühlregal), 2 EL frisch geriebener Parmesankäse, einige Raukeblätter

SO GEHT'S Gemüsefond, Oregano und Senf in einen Dämpftopf, grobe Zucchinistücke in den Dämpfeinsatz geben. Topf schließen und aufkochen. Wenn Dampf austritt, auf mittlere Hitze zurückschalten und 2–4 Minuten dämpfen. Dämpffond eventuell etwas einkochen. Frischkäse und Zucchini unterrühren, mit Salz und Pfeffer abschmecken. Öl in eine heiße Pfanne geben, Schupfnudeln 3–4 Minuten unter Rühren braten. Parmesankäse über die Schupfnudeln streuen und schmelzen lassen. Schupfnudeln und Gemüse anrichten und mit grob gehackter Rauke bestreuen.

FERTIG IN 20 Minuten **PORTION** ca. 440 kcal, E 18 g, F 16 g, KH 55 g, ED 0,8

TIPP Restliche Schupfnudeln für „Schupfnudeln mit Beeren" (Seite 72) verwenden.

GAZPACHO MIT ZIEGENKÄSE
2 Portionen

ZUTATEN Je 1 rote und gelbe Paprikaschote (400 g), 2 Minigurken (ca. 150 g), 1 Zwiebel, 1 Knoblauchzehe, 400 ml Tomatenpüree, 1 EL Olivenöl, 3 TL Rotweinessig, 2 EL Semmelbrösel, 100 ml Mineralwasser, Zucker, Salz, schwarzer Pfeffer, 50 g Ziegenfrischkäse, etwas glatte Petersilie oder Basilikum

SO GEHT'S Je ¼ rote und gelbe Paprika in möglichst feine Würfel schneiden und zur Seite stellen. Restliche Paprika, Gurke, Zwiebel, Knoblauch grob würfeln und mit Tomatenpüree, Olivenöl, Essig und Semmelbröseln pürieren. Mineralwasser unterrühren und mit Zucker, Salz und Pfeffer abschmecken. Wenn möglich, etwa 1 Stunde im Kühlschrank durchziehen lassen. Mit Ziegenkäse, restlichen Gemüsewürfeln und gehackten Kräutern anrichten.

DAZU 2 kleine Scheiben Mischbrot (à 40 g)

FERTIG IN 20 Minuten ohne Wartezeit
PRO PORTION ca. 280 kcal, E 9 g, F 10 g, KH 36 g, ED 0,5

SPARGELRAGOUT MIT EI
1 Portion

ZUTATEN 1 Kartoffel (150 g), 300 g weißer Spargel, 2 Lauchzwiebeln, ½ EL Olivenöl, 4 EL Weißweinessig, Salz, Pfeffer, 1 EL Salatcreme (9 % Fett), 1 Bio-Ei (Größe M), ½ Handvoll Kräuter (Minze, Basilikum, Kerbel) und etwas Rauke

SO GEHT'S Dicke Kartoffelscheiben und Spargelstücke in den Dämpfeinsatz geben. Im Dämpftopf Lauchzwiebelwürfel in Olivenöl andünsten. 1 Tasse Wasser, 2 EL Essig, Salz und Pfeffer zugeben. Dämpfeinsatz einsetzen und zugedeckt aufkochen. Wenn Dampf austritt, auf mittlere Hitze zurückschalten und 7–8 Minuten garen. Dämpfeinsatz herausnehmen. Zwiebelsud mit Salatcreme, Salz und Pfeffer abschmecken und Gemüse zugeben. Ei in eine Soßenkelle aufschlagen. ½ l Wasser und restlichen Essig aufkochen, Topf von der Kochstelle nehmen und das Ei hineingleiten lassen. Bei kleiner Hitze ca. 4 Minuten gar ziehen lassen, mit einem Schaumlöffel herausnehmen. Spargelragout mit Ei, Kräuter- und Raukeblättern anrichten.

FERTIG IN 30 Minuten **PORTION** ca. 365 kcal, E 17 g, F 13 g, KH 37 g, ED 0,6

PAPRIKAHUHN MIT PIMENTO-CHEESE
1 Portion

ZUTATEN 3–4 EL Magerquark, ½ Bio-Zitrone, 1–2 TL weißer Balsamessig, ¼–½ TL Edelsüßpaprika, grüner Pfeffer, Salz, ½ rote Chilischote, 2 Lauchzwiebeln, 40 g Leerdamer Käse (17 % Fett i. Tr.), ¼ Bund Schnittlauch, 150 g Hähnchenbrustfilet ohne Haut, 200 g bunte Paprikaschoten, 1 TL Olivenöl, 3–4 EL Instant-Gemüsebrühe

SO GEHT'S Für den Pimento-Cheese: Quark, etwas abgeriebene Zitronenschale und Essig verrühren. Mit Paprika, Pfeffer und Salz abschmecken. Chili, Lauchzwiebeln und Käse fein hacken und mit Schnittlauchröllchen untermischen. Fleisch in Scheiben schneiden, salzen, pfeffern und mit Zitronenschale würzen. Mit Paprikastreifen in einer mittelgroßen Pfanne in Öl von allen Seiten anbraten. Brühe zugeben und 3–4 Minuten zugedeckt garen. Hähnchenstücke eventuell auf Spieße stecken. Mit Paprika und Pimento-Cheese anrichten.

FERTIG IN 25 Minuten **PORTION** ca. 420 kcal, E 59 g, F 12 g, KH 15 g, ED 0,7

HÄHNCHENBRUST MIT AVOCADO-TOPPING

1 Portion

ZUTATEN 1 Tomate (ca. 80 g), Salz, grober Pfeffer, 1 TL Olivenöl, 150 g Hähnchenbrustfilet ohne Haut, ½ TL Koriandersamen, 200 g weißer Spargel, 2–3 EL Instant-Gemüsebrühe, ½ Avocado (70 g Fruchtfleisch), ½ Limette, 1–2 TL gemischte Kräuter (frisch oder TK)

SO GEHT'S Backofen auf 180 Grad, Umluft 160 Grad, Gas Stufe 3 vorheizen. Tomatenwürfel, Salz, Pfeffer und Olivenöl verrühren. Hähnchenfilet an der Oberseite der Länge nach etwa 2–3 cm tief einschneiden und auseinanderklappen. Salzen, pfeffern und mit zerstoßenem Koriander würzen. 1–2 EL Tomatenwürfel in das aufgeklappte Fleisch füllen. Spargelstücke, restliche Tomaten, Hähnchenfilet und Gemüsefond in einen Bratschlauch geben. Den Brat-schlauch schließen, auf ein Backblech setzen und senkrecht einschneiden. Im Backofen 13–15 Minuten auf der unteren Schiene garen. Avocado und Limettensaft pürieren. Etwas salzen. Fleisch herausnehmen und mit Avocadocreme bestreichen. Spargel, Bratensud und gehackte Kräuter verrühren und zum Fleisch anrichten.

FERTIG IN 35 Minuten **PORTION** ca. 410 kcal, E 43 g, F 20 g, KH 13 g, ED 0,6

TIPP ½ Avocado mit Stein mit Zitronensaft beträufeln, in Folie im Kühlschrank aufbewahren und für „Avocado-Molke-Drink" (Seite 97) verwenden.

SPAGHETTI ALLA PUTTANESCA
1 Portion

ZUTATEN 50 g TK-Grüne Bohnen, 60 g Hartweizen-Spaghetti, Salz, 1 Fleischtomate (ca. 200 g), ½ EL Olivenöl, 3 EL fertige Tomatensoße aus dem Glas, ½ TL gerebelter Oregano, 1 TL Kapern, 30 g Makrelenfilets ohne Haut aus der Dose (oder Räucherfisch), bunter Pfeffer, ein paar frische Basilikumblätter

SO GEHT'S TK-Bohnen und Spaghetti nach Packungsanweisung in Salzwasser zusammen garen. Dicke Tomatenscheiben in einer mittelgroßen Pfanne in Olivenöl von beiden Seiten andünsten. Herausnehmen und warm stellen. ½ Tasse Nudelwasser, Tomatensoße und Oregano in die Pfanne geben und aufkochen. Kapern, abgetropfte Bohnen und Nudeln dazugeben. Fisch grob zerteilen, mit Nudeln und Schmortomaten anrichten. Pfeffer und Basilikumblättchen über die Nudeln streuen.

FERTIG IN 25 Minuten **PORTION** ca. 405 kcal, E 17 g, F 13 g, KH 53 g, ED 0,7

BEEFSTEAK MIT MINZE
1 Portion

ZUTATEN 1 Beef- oder Hüftsteak (150 g), je ¼ TL grob zerstoßener Kumin und Koriander, 1 TL Limettensaft, 1 TL Rapsöl, 200 g grüner Spargel, 2 Lauchzwiebeln, 4–5 Minzestängel, Salz, 100 ml Rinderfond oder -bouillon, 1 EL Soja-Kochcreme (17 % Fett), 80 g gelbe oder rote Cocktailtomaten, grob geschroteter Pfeffer

SO GEHT'S Fleisch in feine Streifen schneiden und mit Gewürzen, Limettensaft und Rapsöl mischen. Spargel in mundgerechte Stücke schneiden. Lauchzwiebeln klein schneiden. Minze längs in Streifen schneiden. Fleisch salzen und in einer heißen beschichteten Pfanne 1–2 Minuten unter Rühren braten. Fond, Spargel und Lauchzwiebeln zugeben und 4–5 Minuten zugedeckt garen. Soja-Kochcreme und Tomaten unterrühren und kurz erhitzen. Minzestreifen zugeben und Soße mit Salz und Pfeffer abschmecken. Eventuell mit Minzeblättern bestreuen.

FERTIG IN 25 Minuten **PORTION** ca. 330 kcal, E 40 g, F 14 g, KH 11 g, ED 0,6

KRÄUTER-BOHNEN-EINTOPF
2 Portionen

ZUTATEN 1 Zwiebel, 2 Knoblauchzehen, 2 EL Olivenöl,
1 Fleischtomate (150 g), 1 Zuchini (100 g), ½ TL gemahlener Kumin, Rosenpaprika und Cayennepfeffer, 1 Dose
weiße Bohnen (250 g), 400 ml Molke, 200 g TK-Grüne
Bohnen, 3–4 Bohnenkrautstängel, Salz, schwarzer
Pfeffer, 2 EL frisch geriebener Hartkäse (z. B. Grana-
Padano- oder Parmesankäse), 2 EL Vollkornbrösel

SO GEHT'S Zwiebel und Knoblauchzehen fein hacken und
in Olivenöl andünsten. Tomaten- und Zucchiniwürfel,
Kumin, je eine Prise Rosenpaprika und Cayennepfeffer,
weiße Bohnen und Molke zugeben und aufkochen. Grüne
Bohnen zugeben und ca. 10–12 Minuten zugedeckt garen.
Das gehackte Bohnenkraut untermischen und mit Salz,
Pfeffer und Gewürzen abschmecken. Eintopf in zwei Portionen teilen. Eintopf mit Käse und Vollkornbröseln bestreuen und anrichten.

FERTIG IN 20–25 Minuten **PRO PORTION** ca. 410 kcal,
E 21 g, F 16 g, KH 46 g, ED 0,7

PICCATA VOM HUHN
1 Portion

ZUTATEN 1 EL frisch geriebener Parmesankäse, 2 EL gehackte Petersilie (frisch oder TK), 1 Knoblauchzehe, 1 Hähnchenbrustfilet (120 g), Salz, Pfeffer, 1 TL Olivenöl, 50 g Champignons, 100 ml klare Hühnerbouillon, 50 g TK-Erbsen, 100 g vorgekochte Farfalle-Nudeln, 20 g fein geschnittener Parmaschinken, 3–4 EL fertige Tomatensoße aus dem Glas

SO GEHT'S Backofen auf 160 Grad, Umluft 140 Grad, Gas Stufe 2 vorheizen. Parmesankäse, Petersilie und zerdrückten Knoblauch mischen. Fleisch längs in zwei Stücke schneiden, salzen und pfeffern. Fleischstücke in einer kleinen Pfanne in Olivenöl von beiden Seiten kurz anbraten. Fleisch auf einen ofenfesten Teller legen, mit Käse-Kräuter-Mischung bestreuen und im Backofen 8–10 Minuten backen. Pilze im Bratfett andünsten. Brühe und Erbsen zugeben und 4–6 Minuten dünsten. Nudeln und Schinken unterrühren und kurz erwärmen. Tomatensoße unterrühren oder mit Piccata und Nudeln anrichten.

FERTIG IN 25 Minuten **PORTION** ca. 465 kcal, E 51 g, F 13 g, KH 36 g, ED 1,0

MINT-SCHOKO-CREME MIT KARAMELLFEIGEN
6 Portionen

ZUTATEN 40 g Zartbitter-Schokolade, 4–5 Minzestängel, 100 g Magerquark, 300 ml Buttermilch, 5 EL Puder-zucker, 2 Beutel Gelatine fix, 150 g pflanzliche Schlag-creme (19 % Fett), 3 reife Feigen, 1 Saftorange, 1 Bourbon-Vanillestange

SO GEHT'S Schokolade raspeln, Minze in Streifen schnei-den. Quark, Buttermilch und 2 EL Puderzucker verrühren. Gelatine fix nach Packungsanweisung unterrühren. Schlag-creme und 2 EL Puderzucker steif schlagen und mit Scho-kolade und Minze unter die Quarkcreme heben. Creme in 6 Gläser oder Tassen füllen und mindestens 2 Stunden kalt stellen. Restlichen Puderzucker bei mittlerer Hitze in einer Pfanne hellbraun schmelzen. Feigenhälften mit der Schnitt-fläche nach unten darin ca. 1–2 Minuten karamellisieren. Feigen wenden, Orangensaft und Vanillemark zufügen und etwa 3–5 Minuten garen. Feigen herausnehmen und Sud eventuell etwas einkochen. Feigen und Sud auf die Gläser verteilen und anrichten.

FERTIG IN 20 Minuten ohne Wartezeit **PRO PORTION** ca. 175 kcal, E 7 g, F 7 g, KH 20 g, ED 1,2

TIPP Für mehr Saft-Ausbeute die Zitrusfrüchte vor dem Auspressen einige Mal auf der Arbeitsfläche mit Druck hin- und herrollen.

BUTTERMILCH-CRÊPES MIT KIRSCHQUARK

2 Portion

ZUTATEN Teig: 60 g Weizenmehl (Type 1050), ⅛ l Buttermilch, 1 Prise Salz, 1 Bio-Ei (Größe M), 4 EL Mineralwasser, 2 EL Rapsöl; Quark: 200 g Magerquark, 50 g Frischkäse mit Joghurt (13 % Fett), 1–2 EL Mineralwasser, 1–2 EL Ahornsirup oder flüssiger Honig, 150 g Kirschen oder 120 g Schattenmorellen aus dem Glas

SO GEHT'S Für den Teig: Mehl, Buttermilch und Salz glatt rühren. Ei und Mineralwasser verquirlen und unterrühren. Eine erhitzte beschichtete Pfanne (Ø 26 cm) mit ½ EL Rapsöl einfetten. Eine Kelle Teig an den Rand in die Pfanne geben und Pfanne so schwenken, dass sich der Teig gleichmäßig dünn auf dem Boden verteilt. Nacheinander im restlichen Öl vier dünne Crêpes backen.

Für den Quark: Magerquark, Frischkäse, Mineralwasser und Ahornsirup verrühren. Entsteinte Kirschen unterheben. Jeweils zwei Crêpes mit Kirschquark anrichten.

FERTIG IN 15 Minuten **PRO PORTION** ca. 355 kcal, E 20 g, F 12 g, KH 37 g, ED 1,3

HEIDELBEER-HIRSESPEISE
3 Portionen

ZUTATEN 50 g Hirse, 2 Bio-Orangen, 300 g körniger Frischkäse (3,9 % Fett), 300 g Heidelbeeren (frisch oder TK), 3 TL Ahornsirup

SO GEHT'S Hirse in einem Sieb erst heiß, dann kalt abspülen. In einem kleinen Topf nach Packungsanweisung aufkochen und 6–7 Minuten bei kleiner Hitze zugedeckt garen. Hirse abkühlen lassen. Hirse, 1–2 TL abgeriebene Orangenschale, ausgepressten Orangensaft und Frischkäse verrühren und mit Heidelbeeren (frisch oder aufgetaut) anrichten. Zum Schluss mit Ahornsirup beträufeln.

FERTIG IN 15 Minuten **PRO PORTION** ca. 190 kcal, E 13 g, F 5 g, KH 21 g, ED 1,4

APFEL-ZIMT-REIS MIT FRÜCHTEN
2 Portionen

ZUTATEN 150 g gekochter Parboiled-Reis (Rohgewicht 50 g oder Fertigreis aus dem Supermarkt), 3–4 EL naturtrüber Apfelsaft, 100 g Naturjoghurt (1,5 % Fett), 2 EL Magerquark, gemahlener Zimt und Kardamom, 2 reife Pfirsiche oder Nektarinen (ca. 350 g), 150 g Brombeeren (frisch oder TK)

SO GEHT'S Reis, Apfelsaft, Joghurt und Quark verrühren und mit Zimt und Kardamom abschmecken. Pfirsiche in Stücke schneiden und mit Brombeeren vermischen. Reis und Früchte in zwei Portionen teilen und anrichten.

FERTIG IN 10 Minuten **PRO PORTION** ca. 230 kcal, E 9 g, F 2 g, KH 41 g, ED 0,6

SCHOKO-FRÜCHTE
1 Portion

ZUTATEN 1 Minibanane (50 g), 100 g Früchte der Saison, 100 ml Milch (1,5 % Fett), 2 EL Bio-Kakaopulver, 1 EL Ahornsirup

SO GEHT'S Banane und Früchte der Saison klein schneiden. Milch, Kakaopulver und Ahornsirup in einem kleinen Topf verrühren und langsam aufkochen. Früchte anrichten und heiße Schokoladensoße darübergießen.

FERTIG IN 10 Minuten **PORTION** ca. 245 kcal, E 10 g, F 4 g, KH 37 g, ED 0,9

SOJA-HIMBEER-SORBET

4 Portionen

ZUTATEN 300 g Himbeeren (frisch oder TK), 125 ml
fettreduzierte Kokosmilch (14 g Fett), 150 g Sojajoghurt
natur (2 % Fett), 2 TL Ahornsirup, 1 Bio-Eiweiß

SO GEHT'S Von den Himbeeren 250 g abnehmen und mit
Kokosmilch, Sojajoghurt und Ahornsirup pürieren. Eiweiß
zu Schnee schlagen und unterziehen. In einer Metallschüssel
etwa 3–4 Stunden gefrieren, dabei alle 30 Minuten mit
einem Schneebesen kräftig durchrühren. In 4 Gläser füllen
und mit restlichen Himbeeren anrichten.

FERTIG IN 10 Minuten ohne Wartezeit **PRO PORTION**
ca. 100 kcal, E 3 g, F 6 g, KH 7 g, ED 0,7

FROZEN JOGHURT MIT HEIDELBEEREN
4 Portionen

ZUTATEN 200 g Heidelbeeren, 500 g Fruchtjoghurt (Heidelbeer, Erdbeer, Himbeer; 3,5 % Fett), 1 Banane (150 g)

SO GEHT'S 120 g Heidelbeeren mit Joghurt und Banane pürieren. In 4 Gläser oder Tassen füllen und mindestens 5 Stunden gefrieren. Vor dem Essen 20 Minuten antauen. Mit restlichen Heidelbeeren anrichten.

FERTIG IN 5 Minuten ohne Wartezeit **PRO PORTION** ca. 170 kcal, E 4 g, F 4 g, KH 27 g, ED 0,8

HIMBEER-MANGO-TORTE
12 Stücke

ZUTATEN Biskuitteig: 3 Bio-Eier (Größe M), 50 g Zucker, 40 g Mehl (Type 550), 1 Paket Vanille-Puddingpulver, ½ Päckchen Backpulver; 1 Mango (400 g), 2 EL Orangenmarmelade; Füllung: 6 Blatt rote und 4 Blatt weiße Gelatine, 500 g Himbeeren (frisch oder TK), 50 g Puderzucker, 250 g Speisequark (20 % Fett), 250 g Vanillejoghurt (3,5 % Fett)

SO GEHT'S Für den Biskuitteig: Backofen auf 180 Grad, Umluft 160 Grad, Gas Stufe 3 vorheizen. Eier trennen. Eiweiß und 2 EL kaltes Wasser steif schlagen, dabei den Zucker einrieseln lassen. Eigelb unterziehen. Mehl, Pudding- und Backpulver mischen, auf die Baisermasse sieben und unterziehen. Teig in eine am Boden mit Papier ausgelegte Springform (Ø 28 cm) füllen und glatt streichen. Auf der mittleren Schiene 20–25 Minuten backen. Biskuitboden aus der Form nehmen und auf einem Kuchengitter abkühlen lassen. Mango entkernen, schälen und acht dünne Scheiben abschneiden. Restliche Mango würfeln, mit Marmelade pürieren, auf den Tortenboden streichen, einen Springformring darumlegen und schließen.

Für die Füllung: Gelatine 10 Minuten einweichen. 20–25 Himbeeren beiseitelegen, restliche Früchte und Puderzucker pürieren. Tropfnasse Gelatine in einem kleinen Topf bei mittlerer Hitze auflösen, unter das Himbeerpüree rühren. 80 g Püree beiseitestellen. Quark, Joghurt und restliches Püree verrühren, auf den Tortenboden geben und glatt streichen. Mangoscheiben, Himbeeren und beiseitegestelltes Püree darauf verteilen. Torte über Nacht kalt stellen.

FERTIG IN 1 Stunde ohne Wartezeit **PRO STÜCK** ca. 155 kcal, E 7 g, F 3 g, KH 23 g, ED 1,0

TIPP Falls das Himbeerpüree für die Garnitur zu fest wird, 1–2 TL warmes Wasser zugeben und bei kleiner Hitze erneut auflösen.

SCHUPFNUDELN MIT BEEREN
2 Portionen

ZUTATEN 100 g Himbeeren (frisch oder TK), 150 g Naturjoghurt (0,1 % Fett), 2 TL Roh-Rohrzucker, 150 g Erdbeeren, 10 g Ingwerknolle, 150 g Schupfnudeln (Kartoffelnudeln; Kühlregal), ½ EL Rapsöl, ½ TL Sesamsaat, ein paar Minzeblätter

SO GEHT'S Himbeeren, Joghurt und 1 TL Zucker gründlich verrühren. Erdbeeren erst heiß, dann kalt abspülen und trocken tupfen. Ingwer fein hacken. Ingwer und Schupfnudeln in Rapsöl etwa 3–4 Minuten goldgelb braten. Mit restlichem Zucker und Sesam bestreuen und kurz karamellisieren. Schupfnudeln und Erdbeeren auf dem Himbeerjoghurt anrichten und mit Minzeblättern bestreuen.

FERTIG IN 20 Minuten **PRO PORTION** ca. 220 kcal, E 7 g, F 5 g, KH 35 g, ED 0,8

TIPP Die restlichen Schupfnudeln können Sie für die „Parmesannudeln mit Zucchini" (Seite 58) verwenden.

FRÜCHTE-BOWL MIT NUSSKEFIR
3 Portionen

ZUTATEN 300 ml Kefir, 1 Banane (150 g), ½ EL Nussöl, 2–3 EL Erdmandeln oder 2 EL Haferflocken, 100 g TK-Brombeeren oder Schattenmorellen aus dem Glas, 1 reifer Pfirsich (ca. 170 g), 2 Birnen (ca. 320 g), 2 TL flüssiger Honig

SO GEHT'S Kefir, Banane, Nussöl und Erdmandeln pürieren. Brombeeren, Pfirsich- und Birnenstücke mischen. Obstsalat und Nusskefir anrichten und mit Honig beträufeln.

FERTIG IN 10 Minuten **PRO PORTION** ca. 230 kcal, E 6 g, F 6 g, KH 37 g, ED 0,7

TIPP Als Öl bieten sich neben Walnuss- und Haselnussöl auch Kürbis- und Traubenkernöl an.

QUARK-THYMIAN-SOUFFLÉ
2 Portionen

ZUTATEN 1 Bio-Ei (Größe M), 100 g Magerquark, 2 TL Akazienhonig, 1 Bio-Zitrone, ein paar Thymianzweige, 2 TL Weizengrieß, 1 Prise Salz, ½ TL Öl für die Form, 250 g Honig- oder Galia-Melone, 100 g Himbeeren, 3 EL Aprikosensaft (Reformhaus oder Bioladen)

SO GEHT'S Backofen auf 210 Grad, Umluft 190 Grad, Gas Stufe 4–5 vorheizen. Ei trennen. Eigelb, Quark, Honig, etwas abgeriebene Zitronenschale, 1 TL Zitronensaft, fein gehackte Thymianblättchen, Weizengrieß und Salz verrühren. Eiweiß, Salz und etwas Zitronensaft steif schlagen und vorsichtig unter die Quarkmasse ziehen. Eine flache ofenfeste Form (Inhalt mindestens ¼ l) dünn ausfetten und die Soufflémasse einfüllen. Im vorgeheizten Backofen auf mittlerer Schiene etwa 13–15 Minuten backen. Inzwischen Melonenwürfel, Himbeeren, Aprikosensaft und restlichen Zitronensaft mischen. Soufflé herausnehmen, mit Thymianzweig belegen und sofort mit den marinierten Früchten servieren.

FERTIG IN 25 Minuten **PRO PORTION** ca. 215 kcal, E 12 g, F 5 g, KH 29 g, ED 1,3

TIPP Backofen zwischendurch nicht öffnen, sonst fällt das Soufflé zusammen.

Für den Job
& für unterwegs

Leichter essen im Job – schwierig. Falls Sie Kantine oder Restaurant nicht trauen: Packen Sie ein! Frische Salate, belegte Brote, kleine Snacks. Und Süßes, das sich auch prima als Dessert für ein Menü eignet

Italienisches
Schlemmerbrot,
Rezept Seite 89

FELDSALAT MIT MARINIERTEN TORTELLONI
1 Portion

ZUTATEN 60 g frische Tortelloni mit Käse aus der Kühltheke, Salz, 2–3 EL Dickmilch (1,5 % Fett), 1 Limette, 1 Knoblauchzehe, grober Pfeffer, 2 Selleriestangen, ½ Avocado (70 g Fruchtfleisch), 50 g Feldsalat, 1 EL Cranberries

SO GEHT'S Tortelloni nach Packungsanweisung in Salzwasser garen. 2 EL Kochwasser, Dickmilch, 2 EL Limettensaft, zerdrückte Knoblauchzehe, etwas abgeriebene Limettenschale, Salz und Pfeffer verrühren und über die abgetropften Tortelloni träufeln. Sellerie in feine Ringe schneiden. Avocado in Scheiben oder Stücke schneiden und mit 1 EL Limettensaft beträufeln. Feldsalat auf einem Teller mit Avocado, Sellerie und Tortelloni mit Marinade anrichten und mit Cranberries bestreuen.

FERTIG IN 15 Minuten **PORTION** ca. 370 kcal, E 10 g, F 19 g, KH 38 g, ED 1,0

TIPP Restliche Tortelloni für „Parmesansuppe mit Tortelloni" (Seite 24) verwenden.

SPICY THAI-GEFLÜGELSALAT
1 Portion

ZUTATEN 1 Portion Putenfleisch aus dem Vorrat („Pute à l'Orange", Seite 26) oder 100 g Putenbrustaufschnitt; Dressing: ½ Chilischote, 1 rote Zwiebel (30 g), 1 TL Roh-Rohrzucker, 1 TL Thailändische Fischsoße, 1 EL Ketjap Manis (süße Sojasoße), 1 Limette, Salz, 2 TL Erdnussöl oder Rapsöl; ½ rote Paprikaschote, 70 g Salatgurke, 1 Möhre (40 g), 5–7 frische Erdnüsse

SO GEHT'S Fein gehackte Chilischote, Zwiebelwürfel, Zucker, Fischsoße, Ketjap Manis, Limettensaft, Salz und Öl verrühren. Paprika, Gurke und Möhre in Streifen schneiden und mit zerpflücktem Putenfleisch und Dressing mischen. Mit gerösteten und gehackten Erdnusskernen bestreuen.

FERTIG IN 15 Minuten **PORTION** ca. 390 kcal, E 32 g, F 16 g, KH 26 g, ED 0,9

MORTADELLA-SALAT MIT MEERRETTICH

1 Portion

ZUTATEN 1 Möhre (50 g), ½ gelbe Paprikaschote, 2 Lauchzwiebeln, 50 g fettarme Mortadella oder Fleischwurst, 30 g Leerdamer Käse (30 % Fett i. Tr.), 4 EL Orangensaft, 1 EL weißer Balsamessig, 3 TL Meerrettich aus dem Glas, 2 TL Olivenöl, Salz, Pfeffer, 1 EL Schnittlauchröllchen, 1 EL Dillspitzen, 3 Pumpernickeltaler

SO GEHT'S Möhre schälen. Möhre und Paprikaschote in dünne Streifen schneiden. Lauchzwiebeln in feine Ringe, Mortadella und Käse in mundgerechte Stücke schneiden. Orangensaft, Essig, Meerrettich, 1–2 EL Wasser, Olivenöl, Salz und Pfeffer verrühren. Schnittlauch und Dill fein schneiden. Alles miteinander mischen und abschmecken. Die Pumpernickeltaler zerkrümeln, in einer beschichteten Pfanne anrösten und über den Salat streuen.

FERTIG IN 15 Minuten **PORTION** ca. 350 kcal, E 23 g, F 18 g, KH 22 g, ED 1,0

INGWER-LACHS-TABOULEH
1 Portion

ZUTATEN 2 EL Instant-Bulgur (Weizenschrot), 3 Prisen Orientalische Gewürzmischung, 10 g frische Ingwerknolle, 75 g geräucherter MSC-Lachs, 1 Lauchzwiebel, 1 Limette, Salz, weißer Pfeffer, 100 g Radieschen oder Rettich, 1 Minigurke (80 g), 1 TL Olivenöl, 1 TL Sojasoße, 2 TL asiatische süß-scharfe Chilisoße, 2–3 Prisen geröstete Sesamsaat

SO GEHT'S Bulgur, Gewürzmischung und 3 EL Wasser verrühren, 10 Minuten quellen lassen, dann mit einer Gabel auflockern. Ingwer schälen. Lachs, Lauchzwiebel und Ingwer fein hacken und mit Bulgur und abgeriebener Limettenschale mischen. Tabouleh mit Limettensaft, Salz und Pfeffer abschmecken. Radieschen und Gurkenscheiben, Olivenöl, Sojasoße und Chilisoße vermengen. Tabouleh und Gemüse anrichten und mit Sesam bestreuen.

FERTIG IN 15 Minuten **PORTION** ca. 370 kcal, E 22 g, F 14 g, KH 36 g, ED 0,9

ROMANESCOSALAT MIT KRABBEN
1 Portion

ZUTATEN 150 g Romanesco oder Brokkoli (frisch oder TK), 1 Kartoffel (70 g), Salz, 3 EL Naturjoghurt (1,5 % Fett), 1 EL Kürbiskernöl, 1 EL körniger Senf, 2 EL natur-trüber Apfelsaft, 1 TL TK-Dill, 1–2 Prisen milder Madras-Curry, Pfeffer, 1 Handvoll Blattsalat, 3–4 Radieschen, 75 g Nordsee-Garnelen; evtl. 30 g Alfalfa-Sprossen

SO GEHT'S Kohlröschen und Kartoffelwürfel in den Einsatz eines Dämpftopfes geben und mit einer Tasse Wasser be-gießen. Topf schließen, aufkochen und bei mittlerer Hitze etwa 6 Minuten dämpfen. Oder Gemüse etwa 10 Minuten in wenig Salzwasser dünsten. Joghurt, Öl, Senf, Apfelsaft, Dill und Curry verrühren. Salatsoße mit Salz und Pfeffer abschmecken. Salatblätter, Romanesco, Kartoffeln und Ra-dieschenscheiben mit Salatsoße mischen und mit Garnelen und Alfalfa-Sprossen bestreuen.

FERTIG IN 15 Minuten **PORTION** ca. 345 kcal, E 25 g, F 15 g, KH 25 g, ED 0,7

TIPP Restlichen Romanesco in siedendem Salzwasser etwa 2 Minuten blanchieren, abgießen, eiskalt abspülen, einfrieren und statt Brokkoli verwenden.

GUTE-LAUNE-SALAT
1 Portion

ZUTATEN 1 Bio-Banane (100 g), 100 g Ananas-fruchtfleisch, 50 g Salatgurke, 50 g Radieschen, 100 g Naturjoghurt (0,1 % Fett), einige Spritzer Zitronensaft, 3 Walnusskerne, etwas Kresse, Basilikum oder Schnittlauch, 20 g Bergkäse (45 % Fett i. Tr.), 1 dünne Scheibe Roggenvollkornbrot (30 g)

SO GEHT'S Banane, Ananas, Gurke und Radieschen in mundgerechte Stücke schneiden und mit Joghurt und Zitronensaft vermengen. Mit grob gehackten Walnüssen und Kresse bestreuen. Dünn gehobelten Käse auf der Brotscheibe verteilen und dazu anrichten.

FERTIG IN 10 Minuten **PORTION** ca. 420 kcal, E 17 g, F 13 g, KH 55 g, ED 0,9

ERDBEER-AVOCADO-SALAT
1 Portion

ZUTATEN 1 Limette, 1 TL Agavendicksaft, 1 TL Rapsöl, Salz, 150 g Bio-Erdbeeren, 40 g Blattsalat der Saison, 2 Selleriestangen, ½ Avocado (70 g Fruchtfleisch), 50 g körniger Frischkäse (0,8 % Fett), grober schwarzer Pfeffer

SO GEHT'S Limettensaft, Agavendicksaft, Rapsöl und Salz verrühren. Erdbeeren gründlich abspülen. Salat in mundgerechte Stücke zupfen, mit Erdbeeren, Sellerieraspeln, Avocadostücken und Frischkäse anrichten. Pfeffern und mit Salatsoße beträufeln.

FERTIG IN 15 Minuten **PORTION** ca. 315 kcal, E 10 g, F 17 g, KH 28 g, ED 0,6

TIPP Avocados werden schnell braun, deshalb diesen Salat immer frisch zubereiten. Restliche Avocado mit Zitronensaft beträufeln und in Folie im Kühlschrank aufbewahren. Für den „Feldsalat mit marinierten Tortelloni" (Seite 76) nehmen.

BUNTER CURRYSALAT
2 Portionen

ZUTATEN 300 g gemischtes Gemüse (z. B. Möhren, Kohlrabi, Paprikaschoten, Staudensellerie, Salatgurke, Zucchini, Porree), 1 Pfirsich oder Nektarine, ½ Dose Kichererbsen (120 g); Dressing: 1 Tomate, 2 Lauchzwiebeln, 1 EL gehackte Kräuter (frisch oder TK), 1 Bio-Zitrone, 200 g Naturjoghurt (0,1 % Fett), 1–2 TL Agavendicksaft, 1–2 TL mildes Currypulver, Salz, Cayennepfeffer, 40 g frische Erdnusskerne, ½ TL Rapsöl

SO GEHT'S Gemüse in gleichmäßig feine Scheiben schneiden. Pfirsich achteln und längs in Scheiben schneiden. Gemüse, Pfirsich und Kichererbsen mischen. Für die

Soße Tomate und Lauchzwiebeln fein hacken. Mit Kräutern, 1 TL abgeriebener Zitronenschale und Zitronensaft, Joghurt, Agavendicksaft und Curry verrühren. Vorbereitete Zutaten und Salatsoße mischen und mit Gewürzen abschmecken. Erdnüsse in Rapsöl goldbraun rösten, mit Cayennepfeffer würzen und über den Salat streuen.

FERTIG IN 25 Minuten **PRO PORTION** ca. 375 kcal, E 17 g, F 13 g, KH 43 g, ED 0,7

TIPP In diesen Salat passen viele Gemüsereste.

CARPACCIO UND PFIRSICH-SALSA
1 Portion

ZUTATEN 1 Lauchzwiebel, 1 Pfirsich (150 g), ½ rote Paprikaschote, 3–4 Minzestängel, 1 TL Olivenöl, 1 Prise mildes Currypulver, 2 EL Mandelblättchen, 1 EL Apfel- oder Quittengelee, 2–3 Prisen Szechuan- oder Zitronenpfeffer, 120 g Brat- oder Grill-Kasseler im Aufschnitt, 1 Scheibe Knäckebrot, 1 EL Frischkäse (17 % Fett)

SO GEHT'S Lauchzwiebel in Ringe schneiden. Pfirsich vierteln. Pfirsich und Paprika in mundgerechte Stücke schneiden. Minzeblättchen abzupfen, die Hälfte Minze in Streifen schneiden. Olivenöl und Curry in einer kleinen Pfanne erhitzen. Lauchzwiebeln, Paprika und Mandeln zugeben und 2 Minuten unter Rühren oder Schwenken braten. Minzestreifen, Pfirsich, Apfelgelee und Szechuanpfeffer untermischen und kurz erwärmen. Kasseler und warme Pfirsich-Salsa anrichten und mit restlicher Minze servieren. Knäckebrot mit Frischkäse bestreichen und dazuessen.

FERTIG IN 15 Minuten **PORTION** ca. 420 kcal, E 32 g, F 14 g, KH 41 g, ED 0,9

AUBERGINEN-TOMATEN-SALAT
2 Portionen

ZUTATEN 1 Aubergine (350 g), 2 Lauchzwiebeln, 15 g frische Ingwerknolle, 4–6 Pfefferminzstängel, 1 Limette, 3 EL Gemüsebrühe, 1 EL Rapsöl, Salz, Pfeffer, 100 g Cocktailtomaten, 60 g Schafkäse (19 % Fett)

SO GEHT'S 1 cm dicke Auberginenscheiben in den Einsatz eines Dämpftopfes geben. 1–2 Tassen Wasser zufügen. Topf schließen, aufkochen und die Aubergine etwa 6 Minuten bei mittlerer Hitze dämpfen. Lauchzwiebeln, Ingwer und Pfefferminze fein hacken. Mit Limettensaft, Gemüsebrühe, Öl, Salz und Pfeffer verrühren. Aubergine und Tomatenhälften in der Soße auf einem Teller ca. 10 Minuten marinieren. Käseraspel darüberstreuen und anrichten.

DAZU 2 Knäckebrote mit je 1 TL Frischkäse (17 % Fett)

FERTIG IN 20 Minuten ohne Wartezeit **PRO PORTION** ca. 255 kcal, E 10 g, F 14 g, KH 20 g, ED 0,7

TIPP Restlichen Ingwer schälen, einfrieren und bei Bedarf tiefgefroren reiben.

CURRYREIS-SALAT
2 Portionen

ZUTATEN 10 g frische Ingwerknolle, 300 ml Gemüsebrühe, ½ TL mildes Currypulver, 50 g Parboiled-Reis, Salz, 1 Kohlrabi (500 g), 2 TL körniger Senf, 2–3 EL Zitronensaft, 1 TL flüssiger Honig, 1 rote Zwiebel (50 g), 3–4 Stängel Kerbel oder Dill, 4 TL Olivenöl, Pfeffer, 1 Handvoll Romana- oder Eisbergsalatblätter, 1 Birne (150 g)

SO GEHT'S Ingwer schälen. Brühe, Ingwerscheiben, Curry, Reis und eine Prise Salz in einen Dämpftopf geben. Kohlrabischeiben flach in den Dämpfeinsatz legen. Topf schließen, aufkochen und Kohlrabi etwa 6–8 Minuten bei mittlerer Hitze dämpfen. Kohlrabi herausnehmen. Reis weitere 5–6 Minuten bei kleiner Hitze quellen lassen. Für die Soße 3–4 EL Curry-Brühe aus dem Kochtopf, Senf, Zitrone, Honig, Zwiebelwürfel, gehackten Kerbel und Olivenöl verrühren. Soße mit Salz und Pfeffer abschmecken. Abgetropften Reis, Kohlrabi, Salatblätter und Birnenstücke anrichten und mit Kerbeldressing beträufeln.

DAZU 2 Scheiben Vollkornbrot

FERTIG IN 20 Minuten **PRO PORTION** ca. 335 kcal, E 9 g, F 9 g, KH 53 g, ED 0,7

PUTEN-CARPACCIO MIT KAPERNCREME
1 Portion

ZUTATEN ½ Limette, 1 Orange (200 g), 75 g Naturjoghurt (1,5 % Fett), 2 EL Magerquark, 1 TL Olivenöl, 2 EL Schnittlauchröllchen (frisch oder TK), 2 EL Kapern, Salz, Cayennepfeffer, 1–2 Messerspitzen Edelsüßpaprika, 1–2 Prisen Zucker, 80 g geräucherte Putenbrust im Aufschnitt, 1 Minigurke (80 g), 1 TL geröstete Sesamsaat

SO GEHT'S Etwa 1 TL Limettenschale abreiben. Orange schälen und Fruchtfleisch in Scheiben schneiden. Den Saft auffangen und mit Joghurt, Quark, Limettensaft und -schale und Olivenöl verrühren. Schnittlauch und Kapern unterrühren und mit Salz, Cayennepfeffer, Paprika und Zucker abschmecken. Putenaufschnitt, Orangen- und Gurkenscheiben mit Kaperncreme anrichten und mit Sesam bestreuen.

FERTIG IN 10–15 Minuten **PORTION** ca. 355 kcal, E 21 g, F 12 g, KH 38 g, ED 0,6

BUNTER TORTELLONISALAT

2 Portionen

ZUTATEN 200 g frische Tortelloni mit Käse aus der Kühltheke, 1 Paprikaschote, 1 rote Zwiebel, 1 Fenchelknolle (200 g), 4 TL Olivenöl, ⅛ l Gemüsebrühe, 2 EL Sherryessig oder Apfelessig, ½ Saftorange, 1 EL Schnittlauchröllchen (frisch oder TK), Salz, Pfeffer, 2 Handvoll Feldsalat oder Rauke

SO GEHT'S Tortelloni nach Packungsanweisung garen. Abgießen und abtropfen lassen. Paprika und Zwiebel in Streifen schneiden. Fenchel fein würfeln, in 2 TL Olivenöl andünsten und in Brühe etwa 3–4 Minuten bissfest garen. Essig, Orangensaft, restliches Öl, Schnittlauchröllchen, Salz und Pfeffer verrühren. Tortelloni, Salatsoße, Fenchel mit Sud, Paprika und Zwiebel vermengen. Feldsalat fein schneiden und unter den Salat mischen.

FERTIG IN 25 Minuten **PRO PORTION** ca. 310 kcal, E 1 2 g, F 12 g, KH 39 g, ED 0,6

Boxenstopp am Mittag

Selber machen statt kaufen: Die Pausenstulle macht sich fein – für den Job

Was essen Sie mittags auf der Arbeit? Belegte Brötchen vom Back-Shop? Füllt zwar den Magen, aber der Geschmack – na ja ...

Wie wär's mit Selbermachen: zum Beispiel „Italienisches Schlemmerbrot" (Seite 89) oder „Tomato-Cheese-Sandwich" (Seite 91).

Das Pausenbrot aus der eigenen Küche liegt im Trend. „In Premiumqualität, als Antwort auf die konfektionierten Pappbrötchen aus irgendwelchen Back-Shops", so der Hamburger Trendforscher Peter Wippermann. „Man will essen, worauf man Appetit hat, will gesünder leben und dauerhaft jünger sein." Und unabhängig von dem, was Kantinen und Imbissbuden bieten. Stulle statt Schnitzel. Aber bitte nicht in ordinäre Folie packen. Sondern in eine der schönen Brotboxen, die es längst zu kaufen gibt. Und in denen noch Apfel, Banane oder Möhre Platz haben. Und dazu gibt's Selbstgebrühtes aus der Thermoskanne, nicht etwa „Coffee to go" aus der Pappe. „Dieses ‚Best Food' wird dann mit Stolz verzehrt", sagt Peter Wippermann. Idealerweise in einer ruhigen halben Stunde, vielleicht gemeinsam mit den Kollegen. Doch meist werden die Brote nebenher gefuttert, vor dem Rechner, „als physischer Widerstand gegen die virtuelle Welt", weiß Kommunikationsexperte Wippermann.

Soll heißen: Ein leckerer Snack erdet im unendlichen Kosmos von Bits und Bytes. Und wer noch mehr Bodenhaftung braucht, freut sich über schönes Wetter, dann geht's mit der Lunchbox nach draußen, auf die nächste Bank.

BRÖTCHEN MIT GEMÜSE-SALSA UND BULETTEN
1 Portion

ZUTATEN 1 Tomate, 1 Minigurke (80 g), 1 Schalotte, 1 EL Salatcreme (10,5 g Fett), 1 Weizenvollkornbrötchen (50 g), 1 EL süßer Senf, ½ Handvoll Blattsalat oder Rauke, 50 g verzehrfertige Minifrikadellen aus der Kühltheke

SO GEHT'S Tomate, 40 g Gurke und Schalotte fein hacken und mit Salatcreme mischen. Brötchen quer halbieren und beide Hälften mit süßem Senf bestreichen. Brötchen mit Blattsalat und Gemüse-Salsa füllen und dazu Frikadellen und restliche Gurkenscheiben anrichten oder einpacken.

FERTIG IN 10 Minuten **PORTION** ca. 310 kcal, E 13 g, F 11 g, KH 36 g, ED 1,0

KRABBENBROT
1 Portion

ZUTATEN 65 g Kräuterquark (2,4 % Fett), 1 TL Dillspitzen (frisch oder TK), 1 TL Bierhefe-Pulver, 1 Scheibe Roggenbrot (60 g), 50 g Nordseegarnelen (Krabben), ¼ Zitrone, grober Pfeffer, 3–4 Radieschen

SO GEHT'S Kräuterquark, Dill und Bierhefe verrühren. Roggenbrot mit Quark bestreichen und mit Krabben belegen. Mit ein paar Spritzer Zitronensaft und grobem Pfeffer würzen und mit Radieschen anrichten.

DAZU 250 ml Cranberrysaft ohne Zucker

FERTIG IN 5 Minuten **PORTION** ca. 310 kcal, E 23 g, F 8 g, KH 35 g, ED 0,6

ITALIENISCHES SCHLEMMERBROT
1 Portion

ZUTATEN 2 Scheiben helles Roggenmischbrot (100 g), 1 TL Frischkäse mit Joghurt (13 % Fett), 1–2 Prisen gerebelter Oregano, 2–3 Salatblätter, 25 g fettarme Salami in Scheiben (19 g Fett), 50 g Weichkäse (45 % Fett i. Tr.), 2–3 grüne Oliven ohne Stein, 2 Walnusskerne, 1 EL Gartenkresse, 1 TL Feigensenf oder körniger süßer Senf

SO GEHT'S Eine Brotscheibe mit Frischkäse bestreichen und mit Oregano bestreuen. Brotscheibe mit Salatblättern, Salami- und Käsescheiben belegen, mit Oliven und Walnusskernen garnieren und mit Kresse bestreuen. Die zweite Brotscheibe mit dem Feigensenf bestreichen und locker auf das garnierte Brot legen.

FERTIG IN 5 Minuten **PORTION** ca. 310 kcal, E 13 g, F 11 g, KH 36 g, ED 1,0

TIPP Statt Roggenmischbrot ein würziges Vinschgauer Laibchen (100 g; Supermarkt) nehmen.

BROTE

BRÖTCHEN MIT PUTENAUFSCHNITT
1 Portion

ZUTATEN 1 Roggen- oder Weizenvollkornbrötchen (60 g), 2 TL Magerquark, 2 TL Crunchy-Erdnusscreme, 80 g Salatgurke, 50 g geräucherte Putenbrust im Aufschnitt, ½ Papaya (75 g Fruchtfleisch)

SO GEHT'S Brötchen halbieren, mit Magerquark und Erdnusscreme bestreichen. Ca. 40 g Gurkenscheiben und Putenaufschnitt auf das Brötchen legen. Restliche Gurke und Papayastücke dazuessen.

FERTIG IN 5 Minuten **PORTION** ca. 305 kcal, E 18 g, F 11 g, KH 33 g, ED 0,9

VEGGIE-EI-BROT
1 Portion

ZUTATEN 1 Möhre (80 g), ½ Minigurke (40 g), 2–3 Cocktailtomaten, 1 Scheibe Roggen-Weizen-Brot (60 g), 3–4 EL Kräuterquark (2,4 % Fett), 1 hart gekochtes Bio-Ei (Größe M), Pfeffer, Kräutersalz, Gartenkresse oder andere Kräuter zum Bestreuen

SO GEHT'S Möhre und Gurke in dünne, Tomaten in dicke Scheiben schneiden. Brot mit Quark bestreichen. Eischeiben und Gemüse darauf verteilen. Pfeffern, salzen und mit Kresse bestreuen.

DAZU Kräutertee

FERTIG IN 10 Minuten **PORTION** ca. 315 kcal, E 21 g, F 9 g, KH 36 g, ED 0,8

TOMATO-CHEESE-SANDWICH

3 Portionen

ZUTATEN 50 g weiche getrocknete Tomaten, 1 Schalotte, 100 g Frischkäse mit Joghurt (13 % Fett), 75 g Magerquark, 4 EL frisch geriebener Parmesankäse, 1 EL gehackte Kräuter (frisch oder TK), ½ TL abgeriebene Bio-Zitronenschale, 2–3 Prisen getrockneter grüner Pfeffer, Salz, 6 Scheiben Vollkorntoast (180 g), 100 g Salatgurke, 300 g Weintrauben

SO GEHT'S Tomaten und Schalotte fein würfeln. Frischkäse, Quark, Parmesan, Kräuter, Zitronenschale und Pfeffer mit dem Schneebesen cremig rühren. Tomaten und Schalotten unterrühren und mit Salz abschmecken. Tomato-Cheese in drei Portionen teilen. Zwei Scheiben Vollkorntoast (60 g) mit einer Portion Tomato-Cheese bestreichen. Eine Scheibe mit etwa 30 g Gurkenscheiben belegen. Toastscheiben zusammenklappen, fest andrücken und diagonal halbieren. Mit 100 g Weintrauben anrichten. Restliche Creme, Zutaten und Weintrauben für die nächsten Tage verpacken.

FERTIG IN 10–15 Minuten **PRO PORTION** ca. 335 kcal, E 13 g, F 10 g, KH 47 g, ED 1,2

TIPP Der Aufstrich hält sich 4–5 Tage im Schraubglas oder in der Frischhaltedose im Kühlschrank.

ARTISCHOCKEN-SALAMI-SANDWICH
2 Portionen

ZUTATEN 2 Artischockenherzen aus der Dose,
2 TL Kapern, 2–4 Oliven ohne Stein, 60 g Frischkäse
mit Joghurt (13 % Fett), Oregano (frisch oder gerebelt),
¼ Bio-Zitrone, 2 Scheiben Sandwichbrot (ca. 70 g),
ein paar Rauke- oder Salatblätter, 35 g fettarme Salami,
1 dünne Scheibe Pumpernickel oder Roggenbrot
(ca. 65 g), 2 Tomaten, 400 ml Orangensaft

SO GEHT'S Artischocken, Kapern und Oliven hacken und
mit Frischkäse, Oregano und abgeriebener Zitronenschale
verrühren und auf die Sandwichscheiben streichen. Etwas
Creme zurücklassen. Eine Scheibe mit Rauke, die zweite mit
Salami belegen. Pumpernickel auf beiden Seiten dünn mit
restlicher Creme bestreichen und auf die Raukescheibe
legen. Darauf die Salamibrotscheibe legen und gut andrücken. Mit einem Sägemesser diagonal halbieren. Eine
Portion mit einer Tomate und 200 ml Saft verzehren. Die
andere Hälfte in Frischhaltefolie wickeln, kalt stellen und
spätestens am nächsten Tag essen.

FERTIG IN 10–15 Minuten **PRO PORTION** ca. 360 kcal,
E 14 g, F 11 g, KH 49 g, ED 0,8

QUARKTALER

3 Portionen

ZUTATEN 60 g Putenbrust im Aufschnitt, 1 rote Paprika-schote (150 g), 250 Magerquark, 1 EL Olivenöl, 1 TL scharfen Senf, Edelsüßpaprika, 1 EL Schnittlauchröllchen (frisch oder TK), Salz, Pfeffer, 150 g Roggenvollkornbrot (Rollen oder Scheiben), 1 TL Gomasio (Sesam-Salz)

SO GEHT'S Putenaufschnitt und Paprika fein würfeln und mit Quark, Olivenöl, Senf, Paprikapulver und Schnitt-lauchröllchen verrühren. Mit Salz und Pfeffer abschme-cken. 50 g Brot mit ⅓ Quark bestreichen und mit Go-masio bestreuen.

DAZU 1 Pfirsich (150 g) und Kräutertee

FERTIG IN 10 Minuten **PRO PORTION** ca. 320 kcal, E 22 g, F 8 g, KH 38 g, ED 0,8

TIPP Essen Sie die beiden anderen Portionen in den nächsten Tagen. Quark vor dem Anrichten umrühren.

CURRY-PUTEN-WRAP

1 Portion

ZUTATEN 1 Tortilla-Wrap (45 g), 1 Nektarine (100 g), ¼ Paprikaschote, 50 g Kräuterquark (2,4 % Fett), ½ TL mildes Currypulver, 1–2 Spritzer Worcestersoße, 1 Lauchzwiebel, 50 g Putenbrustaufschnitt, 2–3 Salatblätter, 1 EL Tomatenketchup

SO GEHT'S Teigfladen nach Packungsanweisung erwärmen. ½ Nektarine und Paprika in Streifen schneiden. Kräuterquark, Curry und Worcestersoße verrühren und auf den Teigfladen streichen. Mit Lauchzwiebelringen bestreuen und mit Putenaufschnitt belegen. Paprika, Pfirsich und Salatstreifen längs in die Mitte legen, dabei das untere Drittel frei lassen. Ketchup darüberträufeln. Teigfladen unten einschlagen und von der Seite her aufrollen. Wrap fest in Butterbrotpapier einwickeln und mit einem Gummiband fixieren. Restliche Nektarine dazu essen.

FERTIG IN 10 Minuten **PORTION** ca. 305 kcal, E 16 g, F 5 g, KH 48 g, ED 0,8

AVOCADO-MÖHREN-WRAP

1 Portion

ZUTATEN 1 Tortilla-Wrap (45 g;), 40 g Kräuterquark (2,4 % Fett), 2 TL scharfer Senf, Pfeffer, 1 Möhre (70 g), 1 Lauchzwiebel, 25 g Höhlenkäse (16 % Fett), 40 g Avocadofruchtfleisch, 4–6 Raukeblätter, einige Spritzer Zitronensaft, Kräutersalz

SO GEHT'S Teigfladen nach Packungsanweisung erwärmen und mit Kräuterquark und Senf bestreichen. Pfeffern. Mit geraspelter Möhre, Lauchzwiebelringen, Käsestreifen, Avocadofleisch in Streifen und Raukeblättern belegen, dabei das untere Drittel frei lassen. Füllung mit Zitronensaft beträufeln und salzen. Teigfladen unten einschlagen und von der Seite her aufrollen. Wrap fest in Butterbrotpapier einwickeln und mit einem Gummiband fixieren.

FERTIG IN 10 Minuten **PORTION** ca. 345 kcal, E 16 g, F 18 g, KH 30 g, ED 1,3

GARNELEN-GURKEN-WRAP

1 Portion

ZUTATEN 1 Tortilla-Wrap (45 g; z.B. von Fuego oder Delvita), 60 g Kräuterquark (2,4 % Fett; z. B. von Milram), 1 EL gehackter Dill (frisch oder TK), Salz, Pfeffer, ½ Bio-Zitrone, 1 Minigurke (60 g), 60 g gekochte Eismeer-Garnelen, 2–3 Salatblätter

SO GEHT'S Teigfladen nach Packungsanweisung erwärmen. Kräuterquark und Dill verrühren, mit Salz, Pfeffer und abgeriebener Zitronenschale abschmecken. Gurke längs in Streifen schneiden. Teigfladen auf die Arbeitsplatte legen und mit dem Quark bestreichen. Garnelen, Gurkenstreifen und Salatblätter längs drauflegen, dabei das untere Drittel frei lassen und mit einigen Spritzern Zitronensaft beträufeln. Teigfladen unten einschlagen und von der Seite her aufrollen. Wrap fest in Butterbrotpapier einwickeln und mit einem Gummiband fixieren.

FERTIG IN 10 Minuten **PORTION** ca. 315 kcal, E 23 g, F 11 g, KH 31 g, ED 1,2

TOMATEN-SANDDORN-FLIP
1 Portion

SO GEHT'S 140 ml Tomatensaft, 2 EL Sanddornsirup mit Roh-Rohrzucker und 50 ml Milch (1,5 % Fett) pürieren und mit Salz und Tabasco abschmecken. In ein Twist-off-Glas füllen. Dazu 2 Cocktailtomaten.

FERTIG IN 5 Minuten **PORTION** ca. 140 kcal, E 3 g, F 2 g, KH 28 g, ED 0,6

SANDDORN-INGWER-MILCH
1 Portion

SO GEHT'S 15–20 g frische Ingwerknolle schälen und fein hacken. Mit 2 EL Sanddornsirup mit Roh-Rohrzucker und 200 ml Milch (1,5 % Fett) in einen Rührbecher geben und mit dem Pürierstab aufschlagen. In ein Twist-off-Glas füllen und vor dem Verzehr kräftig schütteln.

FERTIG IN 5 Minuten **PORTION** ca. 165 kcal, E 8 g, F 4 g, KH 25 g, ED 0,7

WINTER-SMOOTHIE
1 Portion

SO GEHT'S 1 reife Birne (150 g), 1 EL Magerquark, 2 EL Sanddornsirup mit Roh-Rohrzucker, den Saft von 1 Saftorange und 1 Prise Sesamsaat pürieren. In ein Twist-off-Glas füllen.

FERTIG IN 5 Minuten **PORTION** ca. 220 kcal, E 4 g, F 1 g, KH 47 g, ED 0,8

AVOCADO-MOLKE-DRINK
1 Portion

SO GEHT'S ½ Avocado (70 g Fruchtfleisch) schälen. 1 reife Birne (150 g) vierteln und entkernen. Avocado, Birne und 200 ml Kur-Molke pürieren. Mit Edelsüßpaprika, Cayennepfeffer, Salz und ein paar Spritzern Zitronensaft würzen. In einem gut schließenden Gefäß mitnehmen.

FERTIG IN 5–7 Minuten **PORTION** ca. 240 kcal, E 3 g, F 13 g, KH 28 g, ED 0,6

TIPPS Anstelle von Birne schmeckt dieser Drink auch mit Erdbeeren. Die zweite Avocadohälfte (mit Stein) mit Zitronensaft beträufeln, in Folie im Kühlschrank aufbewahren und für „Hähnchenbrust mit Avocado-Topping" (Seite 61) verwenden.

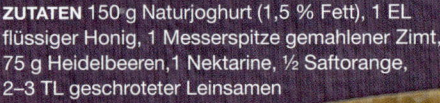

ZIMTJOGHURT MIT HEIDELBEEREN
1 Portion

ZUTATEN 150 g Naturjoghurt (1,5 % Fett), 1 EL
flüssiger Honig, 1 Messerspitze gemahlener Zimt,
75 g Heidelbeeren,1 Nektarine, ½ Saftorange,
2–3 TL geschroteter Leinsamen

SO GEHT'S Joghurt, Honig, Zimt verrühren. Heidelbeeren, Nektarinenstücke und Orangensaft zugeben, mit
Leinsamen bestreuen. In einem Gefäß mitnehmen.

FERTIG IN 5 Minuten **PORTION** ca. 285 kcal, E 12 g,
F 6 g, KH 44 g, ED 0,7

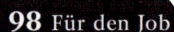

SOJAJOGHURT MIT WINTERFRÜCHTEN
2 Portionen

ZUTATEN 1 feste Birne (150 g), 1 rosa Grapefruit, 250 g frisches Ananasfruchtfleisch, 1 Limette, 40 g Granatapfelkerne, 2 EL Bio-Leinsamen, 2 Becher Sojajoghurt oder Fruchtjoghurt mit Heidelbeeren à 125 g

SO GEHT'S Birne vierteln und entkernen, Grapefruit schälen und in Segmente teilen. Birne, Grapefruit und Ananas in Stücke schneiden und mit Limettensaft und Granatapfelkernen mischen. Eine Portion abnehmen und in einer Frischhaltedose für den nächsten Tag aufbewahren. Zweite Portion mit 1 EL Bio-Leinsamen und 1 Becher Joghurt mischen und ein einem gut schließenden Gefäß mitnehmen.

FERTIG IN 15 Minuten **PRO PORTION** ca. 330 kcal, E 9 g, F 7 g, KH 52 g, ED 0,9

MANGO-BEEREN-CREME
1 Portion

ZUTATEN 100 g Magerquark, 100 g Naturjoghurt (1,5 % Fett), 1–2 EL Mineralwasser, 1 EL Ahornsirup, je 1–2 Prisen Vanille, Zimt und gemahlener Ingwer, 150 g Mangofruchtfleisch, einige Spritzer Limettensaft, 1 Flasche Beeren-Smoothie (100 g), 15 g Edelbitter-Schokolade

SO GEHT'S Quark, Joghurt, Mineralwasser, Ahornsirup und Gewürzmischung verrühren. Mangostücke mit etwas Limettensaft beträufeln. Zuerst Mango und Smoothie, dann Quarkcreme in ein Glas füllen und mit Schoko-Spänen bestreuen. Oder alle vorbereiteten Zutaten mischen und in einem gut schließenden Gefäß mitnehmen.

FERTIG IN 10 Minuten **PORTION** ca. 370 kcal, E 22 g, F 7 g, KH 47 g, ED 0,7

SALAT VON ARTISCHOCKEN
1 Portion

SO GEHT'S 1 Tomate (70 g) vierteln. Tomatenviertel und 2 Artischocken (Dose; 40 g) klein schneiden und mit 1 TL Olivenöl verrühren. Mit 1–2 Spritzern Weißweinessig, Salz und Zitronenpfeffer würzen. In einem gut schließenden Gefäß mitnehmen.

FERTIG IN 5 Minuten **PORTION** ca. 55 kcal, E 2 g, F 4 g, KH 3 g, ED 0,5

APFEL-CURRY-ROHKOST
1 Portion

SO GEHT'S 1 Apfel (150 g) vierteln, entkernen und fein hobeln. Mit 1 TL flüssigem Honig oder Ahornsirup und 1 EL Zitronen- oder Limettensaft verrühren und in ein gut schließendes Gefäß füllen. Zum Essen 2 EL Magerquark zugeben und 1–2 Messerspitzen milden Madras-Curry darüberstreuen.

FERTIG IN 5 Minuten **PORTION** ca. 120 kcal, E 6 g, F 1 g, KH 22 g, ED 0,6

MANGO MIT BÜNDNERFLEISCH
1 Portion

SO GEHT'S 120 g Mangofruchtfleisch in Stücke oder Spalten schneiden. 25 g Bündnerfleisch im Aufschnitt mit 1–2 TL Meerrettich aus dem Glas bestreichen, aufrollen und auf Fruchtstücke aufspießen. In einem gut schließenden Gefäß mitnehmen.

FERTIG IN 5 Minuten **PORTION** ca. 130 kcal, E 11 g, F 2 g, KH 16 g, ED 0,8

THYMIAN-ZUCCHINI
1 Portion

SO GEHT'S 100 g Zucchini in längliche Stücke schneiden und mit Thymianblättchen oder gehackter Petersilie in 1 TL Olivenöl ca. 3–4 Minuten unter Schwenken braten. Salzen und pfeffern. Abkühlen lassen und in ein gut schließendes Gefäß geben.

FERTIG IN 8 Minuten **PORTION** ca. 55 kcal, E 2 g, F 4 g, KH 2 g, ED 0,5

GEMÜSE-QUARK
1 Portion

SO GEHT'S 65 g Kräuterquark (2,4 % Fett) mit 50 g Gurkenscheiben und 50 g Radieschenvierteln frisch anrichten oder alles vorbereiten und mitnehmen.

FERTIG IN 5 Minuten **PORTION** ca. 105 kcal, E 6 g, F 6 g, KH 5 g, ED 0,6

LIMBURGER BIRNE
1 Portion

SO GEHT'S 1 kleine Birne (125 g) aufschneiden, mit 50 g Limburger Rotschimmelkäse oder Romadurkäse (9 % Fett) anrichten und mit Gartenkresse bestreuen.

FERTIG IN 5 Minuten **PORTION** ca. 140 kcal, E 11 g, F 4 g, KH 16 g, ED 0,8

SOJA-INGWER-TSATSIKI
2 Portionen

SO GEHT'S 200 g dünne Gurkenscheiben mit Salz bestreuen. 200 g Sojajoghurt natur, 1 TL Olivenöl, 2 EL gehackten Dill (frisch oder TK), Saft von 1 Zitrone und 10 g frisch gehackten Ingwer verrühren. Gurke trocken tupfen, unterrühren und mit Pfeffer würzen. Zum Mitnehmen eine Portion in ein gut schließendes Gefäß füllen.

FERTIG IN 10 Minuten **PRO PORTION** ca. 120 kcal, E 6 g, F 5 g, KH 11 g, ED 0,5

SOJA-CHILI-SHAKE
3 Portionen

SO GEHT'S 250 g reife Tomaten klein schneiden, mit 200 ml Aprikosensaft (Reformhaus), 200 g Sojajoghurt natur und 1 TL Olivenöl pürieren. Mit etwas Salz und Tabasco scharf abschmecken. Portionsweise mitnehmen.

FERTIG IN 5 Minuten **PRO PORTION** ca. 95 kcal, E 4 g, F 3 g, KH 10 g, ED 0,4

Für Freunde & Familie: 20 *Lieblingsgerichte*

Rouladen, Lasagne, Apfelstrudel … damit kann man auch Diät machen? Ja! Und Freunde dazu einladen? Gern! Hier sind die beliebten Klassiker in der leichten Version – so lecker, dass jeder Nachschlag nehmen wird

Pizza mit Schinken
und Käse,
Rezept Seite 114

SPAGHETTI BOLOGNESE

4 Portionen

ZUTATEN 2 Zwiebeln, 2 Knoblauchzehen, 200 g Sellerieknolle, 2 mittelgroße Möhren, 300 g Beefsteakhack (Tatar), Salz, frisch gemahlener Pfeffer, ⅛ l weißer Traubensaft, 2 EL Weißweinessig, 2 Lorbeerblätter, 2 EL Tomatenmark, 1 TL gerebelter Thymian, knapp ¼ l klare Hühnerbouillon, 1 Dose Tomatenstückchen (400 g), 1 Bund Basilikum, 1 EL Olivenöl, 1–2 Prisen Zucker, 300 g Spaghetti

SO GEHT'S Zwiebeln und Knoblauch abziehen. Sellerie und Möhren schälen. Alles fein würfeln. Hackfleisch in einer beschichteten Pfanne bei mittlerer Hitze krümelig braten. Salzen und pfeffern. Traubensaft, Essig, Lorbeer und Tomatenmark zugeben und offen so lange einkochen, bis die Flüssigkeit verdampft ist. Beiseitestellen.

Gemüse und Thymian in einem Schmortopf in 150 ml Hühnerbouillon glasig dünsten. Hackfleisch, Tomaten und restliche Bouillon zufügen und alles unter gelegentlichem Rühren etwa 30 Minuten zugedeckt schmoren. Basilikumblättchen grob rupfen, mit Olivenöl zur Bolognese geben und alles mit Salz, Pfeffer und Zucker abschmecken. Spaghetti in reichlich sprudelndem Salzwasser nach Packungsanweisung etwa 8 Minuten bissfest kochen. 2–3 EL Nudelwasser abnehmen und unter die Soße rühren. Nudeln abgießen und mit Bolognese anrichten.

DAZU 4 EL frisch geriebener Parmesan

FERTIG IN 1 Stunde 10 Minuten **PRO PORTION** ca. 480 kcal, E 31 g, F 10 g, KH 65 g, ED 0,8

HÜHNERFRIKASSEE MIT REIS
4 Portionen

ZUTATEN 2 doppelte Hähnchenbrustfilets mit Haut und Knochen (1 kg), 1 Päckchen TK-Suppengrün (70 g), 1 Zwiebel, 2 Lorbeerblätter, 3 Pimentkörner, ½ TL weiße Pfefferkörner, Salz, 400 g grüner Spargel oder 1 Dose Spargelabschnitte (270 g), 250 g kleine weiße Champignons, 30 g Halbfettbutter, 100 g TK-Erbsen, 4 TL Weizenmehl (Type 405), 150 ml Kochsahne (15 % Fett), 2 Bio-Eigelb, 4–5 Estragonstängel, frisch gemahlener Pfeffer, Worcestersoße, 1 Zitrone

SO GEHT'S Die Haut vom Hähnchen abziehen. Fleisch abspülen, in einen Topf geben. So viel kaltes Wasser dazugießen, dass das Fleisch bedeckt ist. Zwiebel abziehen und halbieren. Suppengrün, Zwiebelhälften, Gewürze und 1 TL Salz zugeben und langsam aufkochen lassen. Topf schließen und 25 Minuten bei kleiner Hitze kochen.
Inzwischen Spargel schälen und in Stücke schneiden. Pilze putzen und eventuell halbieren. Das Hähnchen aus der Brühe nehmen. Fleisch vom Knochen lösen und klein schneiden. Brühe durch ein Sieb gießen und 400 ml Brühe abmessen. Pilze in Butter andünsten und salzen. Spargel, Erbsen und die abgemessene Brühe zugeben und bei kleiner Hitze etwa 4–6 Minuten dünsten. Das Gemüse in der Brühe beiseitestellen.
Von der restlichen Brühe 500 ml abmessen und aufkochen. Mehl und Sahne verquirlen und unter Rühren mit dem Schneebesen zugeben. Soße aufkochen und 4 Minuten kochen. 3–4 EL Soße herausnehmen, mit Eigelb verquirlen und langsam zurück in die Soße gießen.
Fleisch, Gemüse mit der Brühe und fein geschnittenen Estragon zugeben. Nochmals erwärmen, aber nicht mehr kochen lassen. Mit Salz, Pfeffer, Worcestersoße und Zitronensaft abschmecken.

DAZU 150 g Natur- oder Parboiled-Reis

FERTIG IN 1 Stunde 15 Minuten **PRO PORTION** ca. 385 kcal, E 45 g, F 11 g, KH 45 g, ED 0,6

RINDERROULADEN MIT APFELROTKRAUT

4 Portionen

ZUTATEN 4 Rinderrouladen à 150 g, 5–6 TL Dijonsenf, Salz, frisch gemahlener Pfeffer, 2 rote Zwiebeln (100 g), 8 weiche getrocknete Tomaten, 50 g magere Schinkenwürfel; 1 EL Rapsöl, ½ l Rinderfond oder -brühe, 3 Lorbeerblätter, 2 Thymianstängel, 1 kleiner Zweig Rosmarin, 1 EL Apfelgelee, 1 EL Sojasoße, 2 EL Kochsahne (15 % Fett), evtl. dunkler Soßenbinder; Rotkohl: 1 großer Apfel (180 g), 1 Zwiebel, 1 EL Halbfettbutter, 1 Glas Rotkohl (500 ml), 2 Nelken, 1–2 Pimentkörner, 1 Lorbeerblatt, Salz, frisch gemahlener Pfeffer, 2–3 EL Rotweinessig, 1 EL Apfelgelee

SO GEHT'S Das Rouladenfleisch von einer Seite mit je 1 TL Senf bestreichen. Salzen und pfeffern. Zwiebeln abziehen und achteln. Zwiebeln, Tomaten und Schinkenwürfel auf den Rouladen verteilen. Die Rouladen aufrollen. Mit Holzspießen oder Rouladennadeln feststecken oder mit Küchengarn zusammenbinden.

In einer beschichteten Pfanne die Rouladen in Öl von allen Seiten bei mittlerer Hitze anbraten. Fond dazugießen, Kräuter zufügen und alles in der geschlossenen Pfanne etwa 1 Stunde 15 Minuten bei kleiner Hitze schmoren. Die Kräuterstängel entfernen. Restlichen Senf, Apfelgelee, Sojasoße und Sahne unterrühren und die Soße mit Salz und Pfeffer abschmecken. Eventuell Soßenbinder zugeben, verrühren und nochmals aufkochen lassen.

Für den Rotkohl: Apfel abspülen und achteln. Zwiebel abziehen, würfeln und in Halbfettbutter bei mittlerer Hitze andünsten. Apfel und Rotkohl, Gewürze, Essig und Apfelgelee zugeben und zugedeckt etwa 10 Minuten schmoren. Die Rouladen mit Soße und Apfelrotkohl anrichten.

DAZU 600 g gedämpfte Bio-Kartoffeln

FERTIG IN 1 Stunde 40 Minuten **PRO PORTION** ca. 435 kcal, E 44 g, F 13 g, KH 38 g, ED 0,7

UNGARISCHE GULASCHSUPPE

4 Portionen

ZUTATEN 1 Gemüsezwiebel (250 g), 1 Möhre (ca. 120 g), 400 g gemischtes mageres Gulaschfleisch, 2 EL Rapsöl, 1 EL Weizenmehl (Type 405), Salz, 1 TL Edelsüßpaprika, ½ TL Rosenpaprika, ½ TL gerebelter Thymian, ¼ TL schwarzer Kümmel, 2 Knoblauchzehen, 1 l Rindfleischbrühe, 2–3 EL Rotweinessig, 2 EL Tomatenmark, 2 bunte Paprikaschoten, 1 Dose weiße Bohnen (240 g), 2–3 EL Kartoffelpüreeflocken, frisch gemahlener schwarzer Pfeffer, 80 g saure Sahne, 1–2 EL gehackte Petersilie

SO GEHT'S Gemüsezwiebel schälen, vierteln oder achteln und klein schneiden. Möhre schälen und würfeln. Gulaschfleisch in kleine Würfel schneiden.
In einem beschichteten Schmortopf Zwiebeln in Öl etwa 5 Minuten bei mittlerer Hitze andünsten. Zwiebeln mit Mehl bestäuben und kurz weiterrösten. 1 TL Salz, Gewürze, zerdrückten Knoblauch, Brühe, Rotweinessig, Tomatenmark und Fleischstückchen zugeben und aufkochen. Die Suppe etwa 1 Stunde bei kleiner Hitze zugedeckt garen.
Die Paprika putzen, die weißen Trennhäute entfernen und die Paprika zuerst in breite Streifen, dann in Würfel schneiden. Paprika und abgespülte Bohnen in den Suppentopf geben und weitere 20 Minuten zugedeckt kochen.
Die Suppe mit Kartoffelpüreeflocken binden und mit Salz, Pfeffer und eventuell einigen Spritzern Rotweinessig abschmecken. Suppe auf vier Teller verteilen und je einen Klecks saure Sahne und Petersilie darauf verteilen.

FERTIG IN 1 Stunde 45 Minuten **PRO PORTION** ca. 345 kcal, E 29 g, F 15 g, KH 23 g, ED 0,5

SEMMELKNÖDEL MIT PILZEN
4 Portionen

ZUTATEN 3 Weizenschrotbrötchen vom Vortag
(ca. 185 g), 200 ml Milch (1,5 % Fett), Salz, 1 Zwiebel,
1 Bund glatte Petersilie, 2 EL Olivenöl, 2 Bio-Eier
(Größe M), frisch gemahlener Pfeffer, frisch geriebene
Muskatnuss, evtl. etwas Mehl; Pilzragout: 200 g TK-grüne
Bohnen, ½ Bund Bohnenkraut, 250 g Pfifferlinge, 1 Bund
Lauchzwiebeln, 400 ml Bio-Pilz- oder Gemüsebrühe,
150 g Kochsahne (15 % Fett), 2–3 Messlöffel Bindobin
(pflanzliches Bindemittel, Reformhaus), ½ Bio-Zitrone

SO GEHT'S Die Brötchen würfeln. Milch und 2 Prisen Salz
erhitzen und über die Brötchen gießen. 30 Minuten ziehen
lassen. Zwiebel abziehen. Petersilie abspülen und trocken
schleudern. Zwiebel und Petersilie fein hacken und in 1 EL
Olivenöl andünsten. Zwiebel, Petersilie, Eier, Brötchen,
Pfeffer und Muskat mit den Knethaken des Handrührers
kurz zu einem Teig verarbeiten und mit feuchten Händen
etwa 8 Knödel daraus formen. Falls die Klöße sehr kleben,

nach und nach noch etwas Mehl unterarbeiten. Salzwasser
aufkochen. Die Knödel hineingeben und bei kleiner Hitze
etwa 20 Minuten gar ziehen lassen. Knödel mit einer
Schaumkelle aus dem Wasser heben und warm stellen.
Für das Pilzragout: Bohnen in Salz-Bohnenkraut-Wasser
kochen. Abgießen (dabei etwas Kochwasser auffangen) und
abtropfen lassen. Pilze putzen, große eventuell halbieren.
Lauchzwiebeln in Stücke schneiden. Restliches Olivenöl
erhitzen. Pilze und Zwiebeln darin andünsten. Heiße
Brühe, Kochsahne, Bohnen und eventuell ein paar Kräu-
terblättchen zu den Pilzen geben. Soße aufkochen, mit
Bindobin binden und mit Salz, Pfeffer und etwas abgerie-
bener Zitronenschale abschmecken. Eventuell noch etwas
Brühe oder Kochwasser unter die Soße rühren und zu den
Knödeln servieren.

FERTIG IN 1 Stunde 15 Minuten **PRO PORTION**
ca. 340 kcal, E 24 g, F 17 g, KH 46 g, ED 0,8

PAELLA VALENCIA
4 Portionen

ZUTATEN 1 Hähnchenbrustfilet ohne Haut (180 g), 200 g Schweinefilet, 50 g fettreduzierte Salami (19 g Fett), 1 Zwiebel, 1–2 Knoblauchzehen, 250 g Paprikaschoten, 150 g Tomaten, ¾ l klare Hühnerbouillon, 1 TL mediterrane Gewürzmischung, 1 Päckchen Safranfäden, 2 EL Olivenöl, frisch gemahlener Pfeffer, 250 g Paella-Reis, Salz, 100 g TK-Erbsen, 200 g frische Muscheln oder TK-grüne Pfahlmuscheln, 1–2 Zitronen

SO GEHT'S Das Hähnchenfleisch in 2 cm große Würfel schneiden. Das Schweinefleisch und die Salami fein würfeln.Zwiebeln und Knoblauch schälen. Paprika abspülen und entkernen. Alles fein würfeln. Tomaten vierteln und in Stücke schneiden, dabei den Stielansatz entfernen.

Den Backofen auf 220 Grad, Umluft 200 Grad, Gas Stufe 5 vorheizen. Brühe, Gewürzmischung, Zwiebeln und Knoblauch aufkochen. Safran dazugeben.
Olivenöl in einer großen beschichteten Pfanne erhitzen. Schweinefleisch- und Salamiwürfel unter Rühren kurz anbraten. Alles kräftig pfeffern. Abgespülten Reis, Hähnchen und Salz zugeben und etwa 2–3 Minuten andünsten. Paprika, Erbsen, heiße Brühe und Muscheln unterrühren und die Mischung in eine ofenfeste Form (Inhalt 2,5 l) füllen. Alles im Backofen auf der untersten Schiene 30–35 Minuten garen. Paella mit Zitronenachteln servieren.

FERTIG IN 1 Stunde **PRO PORTION** ca. 505 kcal, E 38 g, F 12 g, KH 60 g, ED 0,9

BRATWÜRSTEL MIT KRAUT
4 Portionen

ZUTATEN 3 Kartoffeln, 1 Möhre, 1 Zwiebel, 1 Apfel (z. B. Boskop), 1 rote Paprikaschote, 400 g frisches Sauerkraut aus dem Reformhaus, ¼ l klare Hühnerbouillon oder Gemüsebrühe, 100 ml naturtrüber Apfelsaft, 2 Lorbeerblätter, 4 Piment- und 3 Pfefferkörner, 1 Paket fettreduzierte Rostbratwürstel (250 g) oder 1 Paket Original Thüringer Rostbratwurst light, 1 EL Margarine, 2–3 EL Schmand (24 % Fett), 2 TL mittelscharfer Senf, 1 EL Ahornsirup, Salz, frisch gemahlener Pfeffer

SO GEHT'S Kartoffeln, Möhre und Zwiebel schälen. Apfel und Paprika abspülen und entkernen. Alles getrennt in Würfel schneiden. Sauerkraut mit zwei Gabeln auflockern. Brühe, Apfelsaft, Zwiebel, Apfel, Lorbeerblätter und Gewürzkörner aufkochen. Kartoffeln, Paprika, Möhre und Sauerkraut zugeben, aufkochen und alles zugedeckt bei mittlerer Hitze etwa 10 Minuten kochen.
Bratwürstchen in einer beschichteten Pfanne in Margarine bei mittlerer Hitze braten.
Schmand, Senf und Ahornsirup unter das Sauerkraut rühren und alles mit Salz und Pfeffer abschmecken. Sauerkraut und Bratwürste zusammen auf einer Platte anrichten.

DAZU 4 Weizenschrotbrötchen

FERTIG IN 25 bis 30 Minuten **PRO PORTION** ca. 380 kcal, E 19 g, F 8 g, KH 53 g, ED 0,7

TIPP Gesund & knackig: Sie können etwa ein Viertel des rohen Sauerkrauts zurücklassen und erst vor dem Servieren unters fertige Kraut mischen.

PANIERTES FISCHFILET MIT KARTOFFELSALAT

4 Portionen

ZUTATEN 500 g Bio-Kartoffeln, Salz, 1 Zwiebel, ¼ l klare Hühnerbouillon, 2–3 EL Weißweinessig, frisch gemahlener weißer Pfeffer, 1 TL Zucker, 1 Glas Cornichons (212 g Einwaage), 1 EL gehackte Petersilie (frisch oder TK), 3 EL Salatcreme (9 % Fett), 3 EL Naturjoghurt (1,5 % Fett), ½ Salatgurke (ca. 125 g), 60 g Radieschen, 50 g Cocktailtomaten; 600 g Steinbeißer-Fischfilet, 60 g Maisgrieß (Polenta), 1 EL Edelsüßpaprika, 1 Bio-Ei (Größe M), 2 EL Milch (1,5 % Fett), 4–5 TL Olivenöl für das Backblech, 1–2 Zitronen

SO GEHT'S Kartoffeln mit Schale in Salzwasser kochen, dann pellen und in Scheiben schneiden. Zwiebel abziehen, fein würfeln und mit Bouillon, Essig, Salz, Pfeffer und Zucker aufkochen. Marinade über die Kartoffelscheiben gießen. 3–5 EL Gurkenwasser für später beiseitestellen. Cornichons fein würfeln. Cornichons, Petersilie und Kartoffeln verrühren und abgedeckt 1 Stunde marinieren.

Den Backofen auf 200 Grad, Umluft 180 Grad, Gas Stufe 4 vorheizen. Salatcreme, Joghurt, Gurkenwasser, Salz und Pfeffer verrühren. Salatsoße, Gurken- und Radieschenscheiben und halbierte Tomaten unter die Kartoffeln mischen. Fischfilet abspülen, trocken tupfen und in Portionsstücke schneiden. Etwas salzen. Maisgrieß und Paprikapulver mischen. Ei und Milch verquirlen. Fischstücke erst in Eimilch, dann in Maisgrieß wenden. Fischstücke auf das gefettete Backblech legen. Im Backofen auf der mittleren Schiene 4–5 Minuten backen, vorsichtig mit einem Bratenwender wenden und weitere 4 Minuten backen.

Kartoffelsalat mit Salz und Pfeffer abschmecken und mit Fischfilets und Zitronenspalten anrichten.

FERTIG IN 1 Stunde ohne Wartezeit **PRO PORTION** ca. 415 kcal, E 34 g, F 13 g, KH 37 g, ED 0,7

KÖNIGSBERGER KLOPSE
4 Portionen

ZUTATEN 1 Vollkornweizenbrötchen vom Vortag, 60 g Lauchzwiebeln, 2–3 eingelegte Sardellen, 500 g Kalbshackfleisch, 200 g Beefsteakhack (Tatar), 1 Bio-Ei (Größe M), Salz, frisch gemahlener Pfeffer, 1 Bio-Zitrone, Edelsüßpaprika; 400 g Kartoffeln, 1 Porreestange (ca. 200 g), 2 Möhren (ca. 200 g), 1 l Rinderfond oder -bouillon; Kapernsoße: 30 g Halbfettbutter, 30 g Weizenmehl (Type 405), 100 ml Kochsahne (15 % Fett), 2 EL eingelegte Kapern

SO GEHT'S Brötchen in kaltem Wasser einweichen. Lauchzwiebeln und Sardellen fein hacken. Beide Sorten Hack, ausgedrücktes Brötchen, Lauchzwiebeln, Sardellen, Ei, Salz, Pfeffer, 1 TL abgeriebene Zitronenschale, Paprika verkneten und mit feuchten Händen 8 Klöße formen.
Kartoffeln schälen, abspülen und würfeln. Porree und Möhren putzen, schälen und klein schneiden. Rinderfond und Kartoffeln aufkochen. Klopse und Gemüse zugeben. Bei kleiner Hitze etwa 15–20 Minuten gar ziehen lassen, nicht kochen. Die Klopse sollten dabei mit Fond bedeckt sein. Klopse und Gemüse abgießen, dabei den Fond auffangen. Klopse und Gemüse abgedeckt warm stellen. Vom Kochfond etwa ½ l abmessen und heiß stellen.
Für die Kapernsoße: Halbfettbutter in einem Topf bei mittlerer Hitze zerlassen und Mehl darin unter Rühren andünsten. Heißen Kochfond nach und nach zugießen und dabei kräftig mit einem Schneebesen rühren. Soße unter Rühren aufkochen und bei kleiner Hitze 10 Minuten köcheln lassen. Kochsahne und Kapern dazugeben, die Soße mit Salz und Zitronensaft abschmecken. Klopse und Gemüse in die Soße geben und anrichten.

FERTIG IN 1 Stunde 15 Minuten **PRO PORTION** ca. 500 kcal, E 47 g, F 20 g, KH 33 g, ED 0,7

SPINAT-GORGONZOLA-LASAGNE
4 Portionen

ZUTATEN 100 g Gorgonzolakäse (Blauschimmelkäse; 48 % Fett i. Tr.), 1 Porreestange (ca. 150 g), 150 ml Bio-Gemüsebrühe, 2 Knoblauchzehen, 300 g TK-Blattspinat, Salz, gemahlener Piment, Muskatnuss, 200 g feste Tomaten, 2 Bio-Eier (Größe M), 300 g Magerquark, 3 TL Olivenöl, 80 ml Milch (1,5 % Fett), Cayennepfeffer, 6 Dinkel-Lasagneblätter (ohne Vorkochen), 40 g Grana-Padano-Käse (35 % Fett i. Tr.)

SO GEHT'S Gorgonzola würfeln. Porree putzen, klein schneiden, abspülen, trocken schleudern. Brühe, Porree und zerdrückten Knoblauch aufkochen. Blattspinat zufügen, nach Packungsanweisung bei mittlerer Hitze dünsten. Spinat mit Salz, Piment und geriebenem Muskat pikant abschmecken. Von den Tomaten sechs dicke Scheiben abschneiden. Restliche Tomaten fein hacken, dabei den Stielansatz entfernen.

Den Backofen auf 200 Grad, Umluft 180 Grad, Gas Stufe 4 vorheizen.

Eier trennen. Magerquark, 2 TL Olivenöl, Eigelb, Milch und Gorgonzolawürfel verrühren. Mit Salz und Cayennepfeffer abschmecken. Eiweiß steif schlagen und mit einem Schneebesen unter die Käsemasse heben.

Eine ofenfeste Form (2 l Inhalt) mit restlichem Öl auspinseln und mit drei Lasagneblättern auslegen. Darauf gehackte Tomaten, Spinat und die Hälfte der Quarkcreme verteilen. Mit restlichen Lasagneblättern abdecken und darauf restliche Quarkcreme, geriebenen Grana-Padano-Käse und Tomatenscheiben verteilen. Die Lasagne im Backofen etwa 40 Minuten goldbraun backen.

FERTIG IN 1 Stunde 10 Minuten **PRO PORTION** ca. 410 kcal, E 30 g, F 19 g, KH 32 g, ED 0,9

PIZZA MIT SCHINKEN UND KÄSE
4 Portionen

ZUTATEN 150 g Vollkorndinkelmehl, 150 g Spätzle- oder Weizenmehl (Type 405), 1 TL Trockenhefe, 1 EL italienische Kräutermischung, 2 TL flüssiger Honig, Meersalz, 40 g Naturjoghurt (3,5 % Fett); Mehl zum Ausrollen; 1 Zwiebel, 1 Zucchini (150 g), 100 g Champignons, 1 Paprikaschote (200 g), 2 EL Olivenöl, 2–3 Prisen Chiliflocken, 200 g Tomatensoße aus dem Glas, gerebelter Oregano, 80 g geraffelter Pizzakäse (15 % Fett), 1 Bund Rauke, 75 g Rindersaft- oder 85 g Grillschinken

SO GEHT'S Beide Mehlsorten, Hefe und Kräuter in einer Schüssel mischen. 150 ml lauwarmes Wasser, Honig, ½ TL Meersalz und Joghurt verrühren, zugeben und erst mit den Knethaken des Handrührers, dann mit den Händen etwa 8–10 Minuten kräftig kneten. Den Teig abgedeckt und an einem warmen Ort mindestens 2 Stunden gehen lassen, bis sich das Teigvolumen verdoppelt hat.

Den Backofen auf 240 Grad, Umluft 220 Grad, Gas Stufe 6 vorheizen. Zwiebel abziehen. Zucchini und Champignons putzen. Alles in feine Scheiben schneiden. Paprika halbieren, entkernen und klein schneiden. Gemüse, Olivenöl, Chili und Meersalz verrühren.
Teig nochmals kneten und auf wenig Mehl zu einem Rechteck (30 x 50 cm) ausrollen. Teig auf ein mit Backpapier ausgelegtes Backblech legen, an den Rändern etwas hochdrücken. Tomatensoße auf den Teig streichen. Gemüse in Öl auf dem Teig verteilen und mit Oregano und Käse bestreuen. Pizza im Backofen 15–20 Minuten auf der untersten Schiene backen. Rauke putzen, abspülen, die Stiele abschneiden. Schinken in Stücke schneiden und mit Rauke auf der Pizza verteilen.

FERTIG IN 1 Stunde ohne Wartezeit **PRO PORTION** ca. 485 kcal, E 26 g, F 14 g, KH 63 g, ED 1,3

ZÜRCHER GESCHNETZELTES MIT ENDIVIENSALAT

4 Portionen

ZUTATEN 600 g Putenbrust in Scheiben, Salz, 1 TL Speisestärke, 1–2 Bund Lauchzwiebeln (100 g), 200 g Champignons, 1 EL Rapsöl, 1 EL Halbfettbutter, ¼ l Geflügelfond aus dem Glas oder klare Hühnerbouillon, 1/8 l alkoholfreier Weißwein (oder Geflügelfond und etwas Zitronensaft), 100 ml Kochsahne (15 % Fett), 2 EL dunkler Soßenbinder, frisch gemahlener weißer Pfeffer; 200 g Endiviensalat, 1 Zitrone, 2–3 EL Naturjoghurt (1,5 % Fett), 1 EL Olivenöl, 1 Prise Zucker

SO GEHT'S Fleisch quer in schmale Streifen schneiden, mit Salz und Speisestärke mischen. Lauchwiebeln putzen, längs halbieren und in 2–3 cm lange Stücke schneiden. Champignons putzen und eventuell halbieren. Rapsöl in einer großen beschichteten Pfanne erhitzen. Putenfleisch bei starker Hitze unter Rühren etwa 2 Minuten anbraten, dann herausnehmen und warm stellen. Butter und Geflügelfond in die Pfanne geben. Lauchzwiebeln und Champignons zugeben und etwa 2–3 Minuten dünsten. Wein, Sahne und Soßenbinder zugeben und unter Rühren so lange kochen, bis eine cremige Soße entsteht. Fleischstreifen in die Soße geben und alles mit Salz und Pfeffer abschmecken. Endiviensalat putzen, abspülen, trocken schleudern und in mundgerechte Stücke zupfen. Zitronensaft, Joghurt, Öl, Salz, Pfeffer und Zucker verrühren und Salat untermischen. Geschnetzeltes mit Endiviensalat anrichten.

DAZU 450 g gekochter Parboiled-Reis (entspricht 150 g rohem Reis)

FERTIG IN 30–35 Minuten **PRO PORTION** ca. 455 kcal, E 45 g, F 14 g, KH 41 g, ED 0,7

NUDELSALAT MIT ERBSEN
4 Portionen

ZUTATEN 300 g TK-Erbsen, 100 g Champignons, 1 Limette, Salz, 2 Clementinen, 125 g kurze Makkaroni, 100 g Zuckerschoten, 100 g Salatcreme (9 % Fett), 100 g Naturjoghurt (1,5 % Fett), 100 ml Milch (1,5 % Fett), 1 EL Tomatenketchup, 1–2 TL milder Madras-Curry, Cayennepfeffer, 1 dicke Scheibe magerer Kochschinken oder anderer Grillschinken (ca. 120 g), 1 Bund Rauke

SO GEHT'S Erbsen in einem Sieb auftauen. Champignons trocken abreiben und in feine Scheiben schneiden. Mit Limettensaft und 1–2 Prisen Salz marinieren. Eine Clementine schälen, in Segmente teilen und quer in Stücke schneiden. Salzwasser aufkochen und Nudeln nach Packungsangabe bissfest kochen. Die Zuckerschoten in den letzten 2 Minuten zugeben und mitkochen. Alles in einem Sieb abkühlen und abtropfen lassen. Salatcreme, Joghurt, Milch, Ketchup, Saft der zweiten Clementine und 1 TL Curry verrühren und mit Salz, Curry und Cayennepfeffer pikant abschmecken. Schinken in feine Würfel schneiden. Alle Zutaten mischen und Salat abschmecken. Von der Rauke die Stiele abschneiden. Rauke abspülen, trocken schütteln und zusammen mit dem Salat anrichten.

FERTIG IN 25 bis 30 Minuten ohne Wartezeit **PRO PORTION** ca. 330 kcal, E 21 g, F 6 g, KH 46 g, ED 0,9

FORELLE BLAU MIT MEERRETTICHRAHM

2 Portionen

ZUTATEN 300 g mittelgroße Kartoffeln, 100 g Staudensellerie, Salz, frisch gemahlener weißer Pfeffer,
400–500 ml Fischfond aus dem Glas, 4 küchenfertige
Forellenfilets mit Haut (ca. 400 g), 3 EL weißer Balsamessig, 200 g Zucchini, 5 Estragonstängel; 100 g
Schmand (24 % Fett), 100 g Dickmilch oder Naturjoghurt (1,5 % Fett), 3 EL geriebener Meerrettich aus
dem Glas, ½–1 Bio-Orange, 2 Prisen Zucker

SO GEHT'S Den Backofen auf 200 Grad, Umluft 180 Grad,
Gas Stufe 4 vorheizen. Kartoffeln schälen und in Scheiben
schneiden. Sellerie abspülen, putzen und klein schneiden.
Kartoffeln und Sellerie in eine ofenfeste Form geben, salzen,
pfeffern und mit 350 ml heißem Fischfond begießen. Im
Backofen auf der mittleren Schiene 15–20 Minuten dünsten. Fischfilets abspülen, trocken tupfen und innen und
außen salzen. Mit der Hautseite nach oben auf einen tiefen

Teller legen. Essig und restlichen Fischfond erhitzen und
Fisch damit begießen. Zucchini abspülen, längs halbieren
und in 1 cm dicke Scheiben schneiden. Salzen und pfeffern.
Estragon abspülen. Je zwei Fischfilets mit der Hautseite
nach außen aufeinanderlegen, dabei den Estragon dazwi-
schenlegen. Zucchini, Forellen und Essigfond zu den Kartoffeln geben und etwa 12 Minuten im Backofen dünsten.
Schmand, Dickmilch, Meerrettich, etwas abgeriebene
Orangenschale und Orangensaft verrühren. Mit Salz, Pfeffer und Zucker abschmecken. Forellen mit Gemüse und
Soße anrichten.

FERTIG IN 45 Minuten **PRO PORTION** ca. 490 kcal,
E 50 g, F 13 g, KH 40 g, ED 0,9

TIPP Für eine heiße Soße heißen Fischfond aus der
Form mit Meerrettichrahm verrühren.

QUICHE LORRAINE (LOTHRINGER SPECKKUCHEN)

6 Portionen

ZUTATEN 200 g Weizenmehl (Type 1050), Salz, 100 g Halbfettbutter, 4 EL alkoholfreier Wein oder Wasser; 150 g Romadur- oder Münsterkäse (20 % Fett i. Tr.), 150 g pflanzliche Kochcreme (15 % Fett), 200 ml Milch (1,5 % Fett), 3 Bio-Eier (Größe M), 1 Bund Schnittlauch, ½ Kästchen Gartenkresse, Edelsüßpaprika, frisch geriebene Muskatnuss, frisch gemahlener Pfeffer, 1 Paket Schinkenwürfel (80 g; 2 g Fett) oder magerer Katenschinken

SO GEHT'S Mehl, Salz, Halbfettbutter und Wein in eine Rührschüssel geben. Alles zuerst mit den Knethaken des Handrührers, dann mit den Händen auf einer bemehlten Arbeitsfläche zu einem glatten Teig verkneten. Den Teig mindestens 30 Minuten kalt stellen.
Den Backofen auf 220 Grad, Umluft 200 Grad, Gas Stufe 5 vorheizen.

Käse würfeln. Kochcreme, Milch und Eier verquirlen. Schnittlauchröllchen und Kresse zugeben. Mit Paprika, Muskat, Pfeffer und Salz würzen.
Quiche- oder Springform (Ø 28 cm) mit Backpapier auslegen. Teig auf der bemehlten Arbeitsplatte zügig ausrollen und die Quicheform damit auslegen. Teig 10 Minuten vorbacken. Teig herausnehmen. Backofen auf 200 Grad, Umluft 180 Grad, Gas Stufe 4 zurückschalten. Die Käse- und Schinkenwürfel auf dem Teigboden verteilen. Die Eicreme in die Form gießen und im Backofen auf der untersten Schiene etwa 30 Minuten backen.

FERTIG IN 1 Stunde ohne Wartezeit **PRO PORTION** ca. 320 kcal, E 19 g, F 15 g, KH 26 g, ED 1,7

SENFEIER MIT KARTOFFELN UND MÖHREN-ROHKOST

4 Portionen

ZUTATEN 600 g kleine Bio-Kartoffeln, 2 Knoblauchzehen, 4 EL Dijonsenf, 3 EL körniger Senf, 160 ml Rinderfond aus dem Glas, 1 TL flüssiger Honig, 2–3 EL Frischkäse mit Joghurt (13 % Fett), Salz, frisch gemahlener Pfeffer, Zucker; 2 Zitronen, Zucker, 1 EL Rapsöl; 300 g Möhren, 2 Äpfel, 6 hart gekochte Bio-Eier (Größe M), ½ Kästchen Gartenkresse

SO GEHT'S Die Kartoffeln gründlich waschen und in den Dämpfeinsatz eines Dämpftopfes geben. Kartoffeln aufkochen und 8–10 Minuten bei mittlerer Hitze dämpfen. Knoblauch abziehen. Beide Senfsorten, Rinderfond, Honig, Frischkäse und zerdrückten Knoblauch in einem kleinen Topf verrühren und langsam erhitzen. Mit Salz, Pfeffer und 1–2 Prisen Zucker abschmecken.

Zitrone auspressen und den Saft mit 1–2 Prisen Zucker, Salz und Rapsöl verrühren. Möhren schälen. Äpfel abspülen, vierteln und entkernen. Beides auf dem Gemüsehobel fein raspeln und mit der Zitronensoße verrühren.

Eier pellen und halbieren. Je 3 halbe Eier mit Kartoffeln und warmer Senfsoße anrichten. Mit Kresse bestreuen und mit Rohkost servieren.

FERTIG IN 30 Minuten **PRO PORTION** ca. 385 kcal, E 19 g, F 16 g, KH 41 g, ED 0,8

ERBSENSUPPE MIT WÜRSTCHEN

4 Portionen

ZUTATEN 1 Bund Suppengrün, 200 g Bio-Kartoffeln, 1 Zwiebel, je ½ TL gerebelter Majoran und Basilikum, 1 l Instant-Gemüsebrühe, 600 g TK-Erbsen, Salz, frisch gemahlener weißer Pfeffer, Zucker, 1 Paket fettreduzierte Wiener Würstchen (250 g), evtl. „Maggi"

SO GEHT'S Suppengrün und Kartoffeln putzen, schälen, abspülen und fein würfeln. Zwiebel abziehen, fein würfeln und mit Majoran, Basilikum und Gemüsebrühe aufkochen. Gemüse- und Kartoffelwürfel zugeben und 10–15 Minuten zugedeckt bei mittlerer Hitze kochen. TK-Erbsen zugeben und weitere 10 Minuten kochen.

Zwei Kellen „Stückiges" herausnehmen, in eine Schüssel geben und für später zur Seite stellen. Restliche Suppe pürieren und mit Salz, Pfeffer und 1–2 Prisen Zucker abschmecken. Würstchen ganz oder in Scheiben mit den Gemüsestücken zur Suppe geben und etwa 5 Minuten darin erwärmen. Die Suppe eventuell mit „Maggi" abschmecken, in vier Portionen teilen und anrichten.

DAZU 4 Weizenschrotbrötchen

FERTIG IN 50 Minuten **PRO PORTION** ca. 375 kcal, E 27 g, F 4 g, KH 57 g, ED 0,6

QUARKAUFLAUF MIT FRÜCHTEN
4 Portionen

ZUTATEN 3 Bio-Eier (Größe M), ½ Zitrone, 70 g Roh-Rohrzucker, 1 EL Rapsöl, 500 g Magerquark, 100 g Frischkäse mit Joghurt (13 % Fett), 1 TL Backpulver, 2–3 EL Hartweizengrieß; etwas Öl für die Form, 1 EL Semmelbrösel, 2 Birnen (ca. 400 g), 250 g Brombeeren oder Himbeeren (frisch oder TK)

SO GEHT'S Den Backofen auf 200 Grad, Umluft 180 Grad, Gas Stufe 4 vorheizen.
Eier trennen. Die Zitronenschale abreiben und den Zitronensaft auspressen. Eiweiß mit 1 TL Zitronensaft steif schlagen. Eigelb, Zucker und Öl schaumig rühren. Quark, Frischkäse, Backpulver, Zitronenschale und Grieß unterrühren und den Eischnee unterziehen.

Vier kleine ofenfeste Förmchen (Inhalt 0,5 l) oder eine große ofenfeste Form (Inhalt 2,5 l) dünn mit Öl einpinseln und die Wände mit den Semmelbröseln bestreuen.
Birnen vierteln, entkernen, schälen und mit etwas Zitronensaft beträufeln. Zwei Drittel der Quarkmasse, dann die Birnenviertel in die Form füllen. Mit restlichem Quark bedecken und mit den Beeren belegen.
Förmchen beziehungsweise Form mit Alufolie abdecken und 20 Minuten im Backofen backen. Folie entfernen und die kleinen Förmchen weitere 20, die große Form etwa 30 Minuten backen.

FERTIG IN 1 Stunde 15 Minuten **PRO PORTION**
ca. 430 kcal, E 27 g, F 13 g, KH 49 g, ED 1,1

FLIEDERBEERSUPPE MIT GRIESSKLÖSSCHEN

6 Portionen

ZUTATEN Suppe: 1 l Fliederbeersaft (Holunderbeersaft), ½ Bio-Zitrone, ½ Zimtstange, 2–3 Nelken, 4–5 Messlöffel Bindobin (pflanzliches Bindemittel; Reformhaus), 300 g säuerliche Äpfel (z. B. Elstar oder Gloster), 300 g Birnen, ⅛ l Apfelsaft, 2 EL Agavensirup, 1 EL Zitronensaft; Klößchen: ¼ l Milch (1,5 % Fett), 1 EL Zucker, 20 g Halbfettbutter, 80 g Hartweizengrieß, 1 Bio-Ei (Größe M), Salz

SO GEHT'S Für die Suppe: den Fliederbeersaft, 1–2 Stücke Zitronenschale, Zimt und Nelken aufkochen und mit Bindobin binden. Äpfel und Birnen abspülen, vierteln, entkernen und in Spalten schneiden. Apfelsaft, Agavensirup und Zitronensaft aufkochen und die Fruchtstücke 2 Minuten darin pochieren. Früchte und Sud erst kurz vor dem Servieren in die Suppe geben, damit sie hell bleiben.

Für die Klößchen: Milch, Zucker und Butter aufkochen. Grieß dazugeben und so lange rühren, bis sich der Teig kloßartig vom Topfboden löst. Grießmasse in eine Schüssel geben, etwas abkühlen lassen und das Ei unterrühren.
Salzwasser in einem großen Topf aufkochen. Aus der Grießmasse mit zwei Teelöffeln kleine Klößchen abstechen oder mit nassen Fingern Klößchen rollen, ins siedende Wasser geben und etwa 10 Minuten gar ziehen lassen, bis sie oben schwimmen. Herausnehmen und abtropfen lassen. Grießklößchen und Suppe zusammen anrichten.

FERTIG IN 35 Minuten **PRO PORTION** ca. 260 kcal, E 9 g, F 4 g, KH 45 g, ED 0,7

APFELSTRUDEL MIT VANILLECREME

10 Portionen

ZUTATEN Teig: 200 g Mehl (Type 550), 1 Bio-Ei (Größe M), 1 EL Öl, 1 Prise Salz, 1 TL Öl zum Bestreichen; Mehl zum Ausrollen; Füllung: 100 g saure Sahne (10 % Fett), 1 EL Öl, 60 g Vollkornsemmelbrösel, 1,5 säuerliche Äpfel (z. B. Boskop), 2 EL Zitronensaft, 2 EL Ahornsirup, 1–2 Messerspitzen gemahlener Zimt, 2 EL Rosinen; 45 g Halbfettbutter; 2–3 EL Puderzucker; 500 g Naturjoghurt (1,5 % Fett), 100 g saure Sahne (10 % Fett), 2–3 Päckchen Bourbon-Vanillezucker

SO GEHT'S Für den Teig: Mehl, Ei, Öl, Salz und 5 EL warmes Wasser mit den Knethaken des Handrührers, dann mit den Händen zu einem glatten Teig verkneten. Teig mit Öl bestreichen und abgedeckt bei Zimmertemperatur etwa 30 Minuten ruhen lassen.
Ein großes Küchentuch mit Mehl bestreuen und den Teig darauf dünn ausrollen. Teig über den Handrücken auf eine Größe von ca. 40 x 60 cm auseinanderziehen. Er sollte so dünn sein, dass die Handrücken durchscheinen. Backofen auf 200 Grad, Umluft 180 Grad, Gas Stufe 4 vorheizen.
Für die Füllung: Saure Sahne und Öl verrühren. Semmelbrösel goldbraun rösten. Saure Sahne auf den Teig streichen, Semmelbrösel daraufstreuen. Apfelstücke mit Zitronensaft, Ahornsirup, Zimt und Rosinen mischen und auf den Teig geben. Dabei am Rand 3–4 cm frei lassen. Die seitlichen Teigränder über die Füllung schlagen und locker aufrollen. Strudel mit der Naht nach unten auf ein mit Backpapier ausgelegtes Backblech legen und mit der flüssigen Butter bestreichen. Auf der mittleren Schiene etwa 35–40 Minuten backen. Eventuell mit Backpapier abdecken. Strudel herausnehmen, abkühlen lassen, mit Puderzucker bestäuben. Joghurt, saure Sahne und Vanillezucker verrühren und zu dem Strudel servieren.

FERTIG IN 1 Stunde 20 Minuten ohne Wartezeit **PRO PORTION** ca. 320 kcal, E 8 g, F 9 g, KH 51 g, ED 1,1

Menüvorschläge

Vegetarisch oder mit Fleisch, für einen festlichen Anlass oder was ganz Schnelles – acht Vorschläge, jeweils für vier Personen

SOMMERLICHES MENÜ

Türkische Joghurtsuppe
(Seite 36; Rezept verdoppeln)

Puten-Kebab mit Dill-Dip
(Seite 52; Rezept verdoppeln)

Frozen Joghurt mit Heidelbeeren
(Seite 70)

pro Portion ca. 550 kcal, F 15 g

WINTERLICHES MENÜ

Thymian-Zucchini
(Seite 100; Rezept vervierfachen)

Hühnerfrikassee mit Reis
(Seite 105)

Sojajoghurt mit Winterfrüchten
(Seite 99; Rezept verdoppeln)

pro Portion ca. 770 kcal, F 22 g

VEGETARISCHES MENÜ

Feldsalat mit marinierten Tortelloni
(Seite 76; Rezept verdoppeln)

Gebackene Zucchini mit Tomaten
(Seite 31; Rezept verdoppeln)

Soja-Himbeer-Sorbet
(Seite 69)

pro Portion ca. 515 kcal, F 24 g

BLITZMENÜ

Puten-Carpaccio mit Kaperncreme
(Seite 84; Rezept verdoppeln)

Lachs mit Limettenöl
(Seite 48; Rezept vervierfachen)

Schoko-Früchte
(Seite 68; Rezept + 150 g Obst)

pro Portion ca. 595 kcal, F 22 g

MEDITERRANES MENÜ

Parmesansuppe mit Tortelloni
(Seite 24; Rezept verdoppeln)

Couscous-Tomate
(Seite 49; Rezept verdoppeln)

Quark-Thymian-Soufflé
(Seite 73; Rezept verdoppeln)

pro Portion ca. 655 kcal, F 21 g

MENÜ OHNE FLEISCH

Romanescosalat mit Krabben
(Seite 79; Rezept verdoppeln)

Gnocchi mit Pfifferlingen
(Seite 44; Rezept verdoppeln)

Himbeer-Mango-Torte
(Seite 71; 4 Stücke)

pro Portion ca. 530 kcal, F 16 g

FESTTAGSMENÜ

Tomaten-Kokos-Suppe
(Seite 17; Rezept verdoppeln)

Gemüse-Tajine mit Lammmedaillon
(Seite 27; Rezept vervierfachen)

Mint-Schoko-Creme mit Karamellfeigen
(Seite 66; 4 Portionen)

pro Portion ca. 630 kcal, F 26 g

KINDER-MENÜ

Erbsensuppe mit Würstchen
(Seite 120)

Buttermilch-Crêpes mit Kirschquark
(Seite 67; Rezept verdoppeln)

pro Portion ca. 710 kcal, F 15 g

Die „Kleine Kochschule"
Tipps & Tricks

Einfach Fett weglassen, um Kalorien zu sparen?
Keine gute Idee. Es gibt bessere Möglichkeiten,
gesund und fettarm zu kochen. Die besten Techniken – plus
Tipps zum Einkaufen und Zubereiten

Damit Ihnen nichts Falsches ins Netz geht:
Schauen Sie genau hin – auf Ware, Etikett und Zutatenliste

MIT DEM EINKAUFEN ist das so eine Sache: Oft geht man brav mit Zettel los und kommt dann doch mit mehr zurück, als man braucht. Supermärkte sind verführerisch – und in Einkaufswagen passt viel rein . . .
Wie viel Sie am Ende kaufen, ist letztlich Ihre Sache. Wichtig nur: Ob auf dem Wochenmarkt, im Lebensmittelgeschäft oder Supermarkt – lassen Sie sich nicht von schön gestalteten Labels und anheimelnder Bauernhof-Atmosphäre auf den Packungen täuschen. Und auch nicht von Sonderangeboten. Schauen Sie lieber genau hin, besonders auf die Zutatenliste, und bauen Sie nur auf „harte Fakten".
Unsere wichtigsten Nährstoff-Lieferanten sind Gemüse und Obst. Sehen sie nicht mehr frisch und knackig aus: liegen lassen. Für hochwertiges Fleisch, Geflügel und Eier lieber etwas mehr Geld ausgeben und Bio kaufen. Damit sorgen Sie nicht nur für ein Nährstoff-Optimum, sondern schonen Tier und Umwelt. Achten Sie auf Produkte lokaler Erzeuger, unterstützen Sie mit Ihrem Kauf den Anbau alter Obst- und Gemüsesorten und die Haltung alter Tierrassen. Sie schaffen damit auch Arbeitsplätze. Besonders Lachs, Makrele und Hering sind gesund, doch leider meist überfischt. Kaufen Sie Fisch und Meeresfrüchte mit dem MSC-Logo, es steht für umweltgerechte und bestandserhaltende Fischerei. Bei verpackten Lebensmitteln und Fertigprodukten auf die Zutatenliste achten. Je kürzer, desto besser.

WIE FETT IST KÄSE WIRKLICH?

Bei den meisten Milch- und Käseprodukten ist nicht der absolute Fettgehalt, sondern die **Fettgehaltsstufe** oder eine Prozentzahl als **Fett i. Tr.** (d. h. Fett in der Trockenmasse) angegeben. Um den ungefähren absoluten Fettgehalt herauszubekommen, muss der Prozentwert mit einem bestimmten Faktor multipliziert werden.
Beispiel für Hartkäse (Emmentaler):
45 % Fett i. Tr. x 0,7 = 32 g Fett pro 100 g

Frischkäse	Fett i. Tr. x 0,3
Weichkäse	Fett i. Tr. x 0,5
halbfester Schnittkäse	Fett i. Tr. x 0,55
Schnittkäse	Fett i. Tr. x 0,6
Hartkäse	Fett i. Tr. x 0,7

Und was ist die Fettgehaltsstufe?

Magerstufe	weniger als 10 % Fett i. Tr.
Viertelfettstufe	10–20 % Fett i. Tr.
Halbfettstufe	20–30 % Fett i. Tr.
Dreiviertelfettstufe	30–40 % Fett i. Tr.
Fettstufe	40–45 % Fett i. Tr.
Vollfettstufe	45–50 % Fett i. Tr.
Rahmstufe	50–60 % Fett i. Tr.
Doppelrahmstufe	60–85 % Fett i. Tr.

KÜHLEN IN STAU-STUFEN

Drunter und drüber mit Sinn und Verstand:
So bleiben Lebensmittel frisch und knackig

In der Tür oben: Butter, Margarine

Tiefkühlfach: erntefrisches Obst und Gemüse, schlachtfrisches Geflügel und Fleisch, fangfrische Fische, TK-Produkte, Brot, Kuchen

In der Tür oben: Eier, haltbare Molkereiprodukte

Oben: gegarte Lebensmittel und blanchiertes Gemüse, abgedeckt oder in der Frischebox, originalverpackter Käse und Frischkäse

In der Tür Mitte: Senf, Dressing, Soßen, Tomatenketchup, Sojasoße, Oliven und Kapern im Glas, Senftuben, Konfitüre, hochwertige Pflanzenöle

Mitte: Frischmilch, Joghurt, Sahne, Quark, Frischkäse sowie alle übrigen Käsesorten, originalverpackt oder angebrochen; Sojapudding

Mitte unten: eingeschweißte Schinken- und Salami-Spezialitäten, Räucherwaren, unangebrochene Milch

In der Tür unten: angebrochene Getränke, Wein, angebrochene Frischmilch

unten: leicht verderbliche Lebensmittel wie frischer Fisch, Fischsalate, Hack (nur 1 Tag!), frisches Fleisch, Aufschnitt und Wurst

Gemüsefach: Blattsalat, Kräuter, Kohl, Wurzelgemüse, Pilze, Porree, Lauchzwiebeln; **moderne Kühlschränke** haben hier ein 0-Grad-Fach für Obst und Gemüse

SCHNITTTECHNIK

MÖHREN

Das Grün und das Wurzelende abschneiden. Möhren waschen, trocken tupfen und mit einem Sparschäler dünn schälen. Junge Möhren nur mit einer Gemüsebürste abbürsten. Möhren zum Dünsten in gleichmäßig runde oder schräge Scheiben schneiden oder würfeln. Fürs Zubereiten im Wok in grobe Stücke teilen und dann in dünne Streifen schneiden (Julienne).

ZUCCHINI

Die Zucchini abspülen, trocken tupfen und die Enden abschneiden. Zum Dünsten Zucchini in Scheiben schneiden, nicht zu dünn, sonst zerfallen sie. Für Pfannen- und Wokgerichte Zucchini der Länge nach halbieren und in grobe Stücke schneiden. Für Rohkost und Salat längs aufschneiden, die Scheiben aufeinanderlegen und quer in 5 mm dicke Stäbchen schneiden oder hobeln. Tipp: Kaufen Sie lieber kleine Zucchini, denn je größer die Früchte, desto pelziger und geschmacksärmer ist das Fruchtfleisch.

STAUDENSELLERIE

Den Wurzelansatz mit einem großen Kochmesser abschneiden. Selleriestangen einzeln unter fließendem Wasser abspülen, trocken tupfen. Grün abschneiden und zum Würzen von Soßen, Suppen oder Eintöpfen verwenden. Sellerieblätter sind durch ätherische Öle stark aromatisch und würzig. Sie lassen sich gut einfrieren, am besten klein geschnitten. Selleriestangen außen mit einem Sparschäler schälen oder die langen, zähen Fäden mit einem kleinen Messer abziehen. Zum Dämpfen oder Dünsten geschälten Sellerie in gleichmäßig lange Stücke schneiden. Für Wokgemüse Sellerie in 1 cm breite Scheiben schneiden, für Soßen und Schmorgerichte fein würfeln. Tipp: Staudensellerie soll knackig und saftig sein, welke Stangen nicht kaufen.

PORREE

Das Wurzelende und einen Teil der dunkelgrünen Blätter mit einem großen Kochmesser abschneiden. Äußere dicke Blätter entfernen. Das obere Ende der Porreestange der Länge nach einschneiden und auffächern. Gründlich waschen – zwischen den Blättern sammelt sich Erde. Dann den Porree trocken tupfen. Das untere Ende in dicke Ringe schneiden. Restliche Porreestange längs halbieren, in 5–6 cm lange Stücke schneiden und diese mit der Schnittfläche aufs Arbeitsbrett legen. Mit dem Kochmesser in feine ca. 3 mm breite Streifen schneiden (für schnelle Gerichte). Oder Porreestreifen fein würfeln.

BROKKOLI

Den Strunk unterhalb vom Brokkolikopf abschneiden, schälen und in Scheiben schneiden. Das verholzte Strunkende entfernen. Größere Röschen zwischen den Stielen abtrennen, waschen und auf einem Sieb abtropfen lassen. Brokkoliröschen dämpfen oder dünsten und den Kochsud mitverwenden. Für die Wokpfanne gleichmäßig große Röschen vorbereiten, damit sie gleichzeitig gar sind. Kleine Röschen, zum Beispiel für Gemüsesalate und als Suppeneinlage, nur kurz (ca. 20–30 Sekunden) in siedendem Salzwasser blanchieren, dann im Eiswasser (kaltes Wasser mit Eiswürfeln) kurz abschrecken, abtropfen lassen.

PAPRIKASCHOTEN

Für dekorative Paprikaringe die Schote auf ein Brett legen, den Deckel mit einem großen Kochmesser abschneiden. Weiße Trennwände und Kerne mit einem Küchenmesser herausschneiden und die Paprika in 5 mm dicke Ringe schneiden. Oder die Paprika der Länge nach halbieren, Stielansatz, Trennwände und Kerne entfernen und die Schote längs in 2,5 cm dicke Streifen schneiden. Daraus Rauten für Gemüsegerichte schneiden. Oder Paprikahälften halbieren, quer in Streifen oder Würfel schneiden. Tipp: Neuerdings gibt es Paprikaschoten aus Holland auch in Weiß, Orange und Braun sowie kleine Minipaprika zum Knabbern, die sind süß und knackig.

KOCHEN & BRATEN MIT GUTEM RÜSTZEUG

Lassen Sie sich nicht vom schönen Schein blenden:
Bei Pfannen und Töpfen dreht es sich vor allem um die
Bodenhaftung, damit das Gargut in Wallung gerät

Was nützen die besten Zutaten, wenn sie dann in einer alten Pfanne ermordet werden? Also, nicht am Material sparen! • Hochwertige Töpfe aus rostfreiem Edelstahl sollten einen dicken Sandwich- oder Aluminiumkern-Boden haben, der Hitze schnell aufnimmt und weitergibt. • Entscheidend: der Deckel. Ob aus Glas oder Metall, er muss gut schließen, nicht nur, um Energie zu sparen, sondern auch, um die Nährstoffe unter Verschluss zu halten. • Zum Wokken und Braten am besten Pfannen mit Antihaftbeschichtung nutzen. Wichtig: Für 1-Portion-Rezepte kleine Kochtöpfe, Stieltöpfe und Pfannen nehmen, dann kann auch wenig Kochflüssigkeit darin nicht verdampfen.

Löffelmaße in Gramm	EL	TL
Öl	12	4
Wasser, Milch, Kochsahne, Brühe	15	5
Magerquark, Frischkäse	20–25	10–15
Naturjoghurt	15	10
Haferflocken	12	5
Mehl, Speisestärke	10	3
Erdmandelflocken, Hefeflocken	6	2
Erdnusskerne	12	4
Nüsse, gemahlen	8	3
Nüsse, grob gehackt	8–10	4–5
Leinsamen, Sesamsamen	10	4
Pinienkerne	8	4
Sojakerne, geröstet	6	2
Sonnenblumenkerne, geschält	6	2
Senf	10	5
Tomatenketchup, Chilisoße	15	5
Mango-Chutney, Orangenmarmelade	15	10
Kartoffelpüreeflocken	8	3
Pizzakäse, geraffelt	8	4–5
Parmesankäse, fein gerieben	6	3–4
Zitronensaft	12	4
Puderzucker	8	2
Zucker, Fruchtzucker	15	5
Honig	20	6

Die Gramm-Angaben beziehen sich auf einen mittelgroßen gestrichenen Ess- bzw. Teelöffel

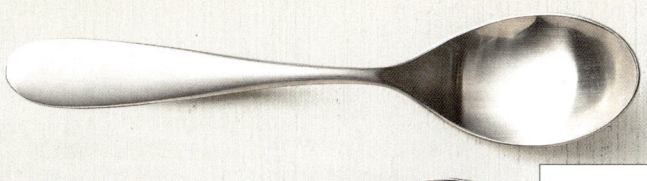

1 EL: Ihre Löffel sehen vermutlich anders aus, aber es kommt nicht aufs einzelne Gramm an.

1 TL: Ein Löffelchen hiervon, eins davon, Sie werden es lieben, weil's so einfach ist.

*Ideal für harte Kohl- und Wurzelgemüse und Kartoffeln,
auch für Fleisch und Fisch*

1. Das Gemüse vorbereiten und in gleichmäßig große Stücke schneiden. Alle Zutaten, die Sud oder Soße Aroma geben sollen, bereitstellen.

2. In einen Dämpftopf eine Tasse heißes Wasser, Gemüsebrühe oder andere Flüssigkeit zum Garen geben (sie sollte den Topfboden etwa 3 cm hoch bedecken). Eventuell noch Kräuter, Gewürze oder Aromaspender wie Zitronenschale oder Tee zufügen.

4. Topf fest schließen und den Inhalt aufkochen.

5. Sobald eine Dampffahne aus dem Topf tritt, auf mittlere Hitze zurückschalten und das Gemüse gar dämpfen. Den Deckel nicht anheben, damit kein Dampf entweichen kann. Welches Gemüse wie lange braucht, sehen Sie in der Tabelle rechts.

3. Das vorbereitete Gemüse in den Dämpfeinsatz legen. Wichtig: Die Gemüsestücke schön gleichmäßig verteilen, damit der Dampf überall hinkommt.

6. Am Ende der Garzeit das Gemüse in eine vorgewärmte Schüssel geben. Dämpffond eventuell mit etwas Zitronensaft, Kräutern und 1–2 EL Kochsahne kurz aufkochen. Die Gemüsesoße abschmecken und zum Gemüse anrichten.

TIPPS

Dämpfen schont Nährstoffe, Farbe, Form und Geschmack von Gemüse, Fisch und Fleisch.
- Aromadämpfen: (alkoholfreien) Wein, Zitronensaft oder -schale, Kräuter oder Gewürze zugeben.
- Den Dämpffond weiterverwenden (Nährstoffe!), zum Beispiel als Soßen- oder Suppengrundlage.
- Zum Dämpfen von Klößen aus Fisch, Fleisch, Kartoffeln oder Getreide: Dämpfeinsatz mit Kochpergament oder Butterbrotpapier auslegen und dies mehrmals einstechen.

500 Gramm bissfest dämpfen – so lange dauert's:
Möhren, Kohlrabi, Rüben . . . . 4–6 Min.
Blumenkohl & Co . . . . 10–12 Min.
TK-Brokkoli . . . . 10–12 Min.
Kartoffeln, mittelgroß . . . . . 10–12 Min.

Ideal für alle Gemüsesorten

1. Wasser oder Mineralwasser bereitstellen (mit Kohlensäure bleibt Gemüse knackig und behält die Farbe). Feste Gemüsesorten (z. B. Möhren, Kohlrabi, Kürbis, Pastinaken) in gleich dicke Stücke schneiden. Salzen. Blumenkohl, Brokkoli oder Romanesco in gleich große Röschen teilen. Porreeringe und Spinatblätter tropfnass in den Kochtopf geben.

2. Das Gemüse und 1–2 TL Öl in einen Kochtopf mit dickem Boden und fest schließendem (Glas-)Deckel geben.

4. 2–3 EL Wasser zugeben.

5. Den Topf sofort schließen und das Gemüse bei kleiner Hitze fertig garen. Immer mal den Topf schwenken, damit sich die Flüssigkeit gut verteilt. Auf keinen Fall den Deckel lüften, weil der nährstoffreiche Kochsud sonst verdampft.

3. Auf mittlere Hitze schalten und das Gemüse immer wieder wenden, damit es nicht am Topfboden ansetzt.

6. Das Gemüse abschmecken und sofort mit der Flüssigkeit in eine vorgewärmte Schüssel geben. Nicht auf dem Herd warm halten, sonst gehen Vitalstoffe rasch verloren!

TIPPS

• Kohlrabi und Porree schmecken noch aromatischer, wenn sie in fettarmer Milch gedünstet werden.
• Die Dünstflüssigkeit immer mitverwenden, sie enthält Nährstoffe.
• Nicht vergessen: zum Schluss frisch gehackte Kräuter zufügen.
• Geht noch schneller: TK-Gemüse – dies aber nur kurz andünsten.

500 Gramm dünsten – so lange dauert's:

Paprika, Zucchini	8–10 Min.
Möhren, Kohlrabi, Kürbis, Pastinaken, Steckrüben	12–15 Min.
Blumenkohl & Co	15–20 Min.
TK-grüne Bohnen	8–10 Min.
gemischtes TK-Gemüse	10–15 Min.

Ideal für Gemüse, Tofu, Fischfilet, Garnelen und Fleisch

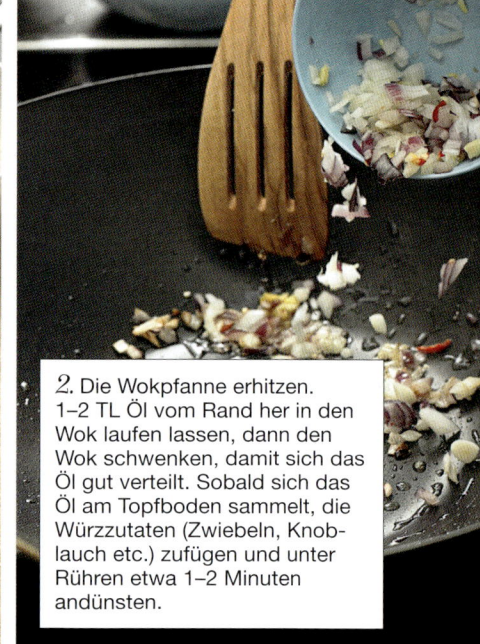

1. Alle Zutaten – ob fest oder flüssig – müssen vor dem Kochen abgemessen, fertig geschnitten oder angerührt parat stehen. Würzzutaten wie Zwiebeln, Schalotten, Knoblauch, Chilischoten, Ingwer fein würfeln oder hacken. Das Gemüse – je nach Konsistenz – in Stifte, Würfel oder Scheiben schneiden. Dabei gilt: Je härter das Gemüse, umso feiner muss es zerkleinert werden. Gemüse in kleine Schalen füllen und beiseitestellen. Gewürzsoße vorbereiten oder Brühe, Fond, Frucht- oder Gemüsesaft oder Mineralwasser bereitstellen.

2. Die Wokpfanne erhitzen. 1–2 TL Öl vom Rand her in den Wok laufen lassen, dann den Wok schwenken, damit sich das Öl gut verteilt. Sobald sich das Öl am Topfboden sammelt, die Würzzutaten (Zwiebeln, Knoblauch etc.) zufügen und unter Rühren etwa 1–2 Minuten andünsten.

4. Jetzt die zarten Gemüsesorten zufügen. Nicht mehr rühren, sondern die Pfanne etwas anheben und hin- und herschwenken, das ist schonender.

5. Gewürzsoße oder Flüssigkeit zugeben und noch einmal gut durchschwenken. Auf der Kochstelle etwa 1–3 Minuten bissfest dünsten.

3. Zuerst die festen Gemüse (Möhren, Staudensellerie) zugeben. Etwa 3 Minuten pfannenrühren, dabei mit dem Woklöffel oder -spachtel arbeiten.

TIPPS

• Eventuell während des Pfannenbratens 1–2 EL Brühe oder Mineralwasser zugeben.
• Wenn zarte Fleischstreifen, große Fischwürfel oder Meeresfrüchte mitgegart werden, diese nach den Würzzutaten in den Wok geben und unter Rühren etwa 2 Minuten braten. Herausnehmen, warm stellen und erst mit der Soße (5.) zu Ende garen.
• Rezept für eine typisch asiatische Gewürzsoße siehe unten („Würzsoße für Wokgerichte").

6. Gemüse auf der vorgewärmten Platte anrichten.

WÜRZSOSSE FÜR WOKGERICHTE

Für 2 Portionen: 2–3 EL klare **Hühnerbouillon, Geflügelfond oder Gemüsebrühe,** 2 TL **Limettensaft,** 3 TL **Ketjap Manis** (indonesische Sojasoße), 1 TL **Thai-Fischsoße,** 1 TL **Tomatenketchup, Cayennepfeffer,** ½–1 TL **China-Gewürz oder Fünf-Gewürze-Pulver** verrühren. Für eine angedickte, glasige Soße 1 TL Speisestärke unterrühren. Zusätzliche Würze: 1–2 TL geröstetes dunkles Sesamöl. Diese Soße 1–3 Minuten vor Ende der Garzeit im Wok verteilen (pro Portion ca. 70 kcal, E 1 g. F 4 g, KH 7 g, ED 1,5)

TOMATEN DIE TALENTIERTEN

Was die alles können! Deshalb haben sie einen Extra-Auftritt verdient. Machen Sie sie zu Hauptakteuren auf Ihrem Teller

Egal ob glatt oder knubbelig, klein oder groß, solo oder als Rispe, rot, grün oder gelb – Tomaten sind aus der leichten Küche nicht wegzudenken. Am meisten lieben wir sie im Sommer, weil sie dann aromatisch und voller Süße auf dem Teller landen. Auch im Winter sind sie ein wahres Leuchtfeuer im Gemüseregal, es gibt sie in vielen Sorten, und selbst getrocknet oder aus der Dose sind sie nicht zu verachten. Und wer gern mal was zwischendurch nascht: Mit süßen knackigen Kirschtomaten kann man nichts falsch machen.

IN AND OUT

In: ganze Tomaten verarbeiten.
Out: Tomatenschale abziehen, Kerne entfernen und beides wegwerfen.
Warum? Tomatenschale und Kerne liefern viel Geschmack und Aroma. Gehackte Tomatenkerne sind eine ideale Grundlage für Salatsoßen, Dips,

warme Soßen und Schmorgerichte, sie machen Risotto, Kartoffelpüree oder Couscous schön saftig. Das klein geschnittene Fruchtfleisch – zum Schluss dazugegeben – sorgt für Biss.
Tomaten nicht häuten! In der Schale sitzt der rote Farbstoff Lykopin, ein Schutzstoff gegen freie Radikale. Außer Lykopin und Karotin liefert die Tomate noch reichlich Vitamin C und Kalium.

AUFBEWAHREN: LIEBER SOLO
Reife Tomaten nicht im Kühlschrank lagern – und auch nicht mit anderen Früchten zusammen. Sie geben Ethylen ab, ein Reifegas, das Äpfel, Birnen und andere Früchte schneller verderben lässt.

STOPP BEI GRÜN
Unreife grüne Tomaten lieber nicht roh essen. Sie enthalten Solanin, einen Stoff, der Kopfschmerzen und andere Beschwerden verursachen kann.

TOMATEN-TECHNIK WIR NEHMEN ALLES!

1.

Zuerst die Tomate lauwarm abspülen und trocken tupfen.

2.

Tomate mit einem Sägemesser so vierteln, dass die Stielansätze nur an zwei Vierteln dran bleiben. Die Stielansätze abschneiden – die sind nämlich auch nach dem Garen noch hart.

3.

Die Kernmasse herausschneiden.

4.

Die Tomatenkerne mit einer Teigkarte oder mit dem Messerrücken zusammenschieben. Tomatenfleisch separat auf das Arbeitsbrett legen.

5.

Die Tomatenkerne hacken und das Tomatenfleisch in Streifen oder Würfel schneiden.

SCHNELLE ALTERNATIVE: DOSENTOMATEN

Wenn's mal noch schneller gehen soll, sind sonnengereifte Sommertomaten aus der Dose praktisch und sehr zu empfehlen. Ob Tomatensuppe, Gemüsepfanne, Pizza, geschmortes Fleisch oder gedünsteter Fisch – es gibt für alles die passenden Tomaten in der Dose (oder im Glas) zu kaufen: ganz und geschält (tja, leider geht's industriell nicht anders), fein gehackt, stückig oder püriert und als Kirschtomate (Cherrytomate).

SALAT DAS LEICHTGEWICHT

Der hat's dick hinter dünnen Blättern: kaum Kalorien, viele Ballaststoffe

Gesund und kalorienarm essen? Na, dann her mit dem Salatteller. Blattsalate sind wahre Leichtgewichte, bestehen zu etwa 95 Prozent aus Wasser und liefern nur 15 bis 20 Kilokalorien pro 100 Gramm. In Sachen Vitamin- und Mineralstoff-Gehalt zeigt sich allerdings: kaum was drin im Vergleich zu Gemüse oder Obst. Gut, dass Salat roh gegessen wird, dann geht nicht noch durch Erhitzen was verloren. Prima aber sind die Ballaststoffe im Salat, die machen satt und unterstützen die Verdauung. Spitzenreiter in Sachen gesunde Inhaltsstoffe ist der Feldsalat (viel Vitamin A und C, außerdem Kalium und Eisen), aber auch Gartenkresse und Löwenzahn punkten mit hohem Vitamin-C-Gehalt. Chicorée liefert die meiste Folsäure und Vitamin A. Winterportulak enthält zehnmal so viel blutbildendes Eisen wie Kopfsalat und ein Drittel mehr an Kalium. Rote Blattsalate wie Radicchio, rote Salat-Zichorie und roter Chicorée oder bräunliche Sorten wie Lollo rosso und Eichblattsalat (Eichenlaubsalat) enthalten Anthozyane, das sind sekundäre Pflanzenstoffe, die durch ihre antioxidativen Eigenschaften vor freien Radikalen schützen. Und das Bittere im Chicorée ist Intybin, das stärkt die Blutgefäße, wirkt appetitanregend und harntreibend. Also haben bunte Blattsalate doch einiges an Inhaltsstoffen zu bieten.

BLATTSALAT – SUPER ALS „VERDÜNNER"

Blattsalate lockern Salate aus Gemüse, Hülsenfrüchten, Nudeln und Getreide auf und verdünnen quasi deren Kalorien. Deshalb eignen sie sich auch prima als Bett für Fisch-, Käse- oder Fleischsalate. Dann aber bitte den Blattsalat auch mitessen! Ebenso unentbehrlich sind sie für feine Sandwiches, deftige Stullen und belegte Brötchen. Fein geschnitten als zartbitteres Topping krönt Rauke oder Endivie warme Gerichte wie Ragout, Suppe, Nudeln oder Risotto.

SO KANN ER ZEIGEN, WAS ER HAT:

• Blattsalate möglichst frisch einkaufen und schnell verbrauchen.
• Nach dem Einkaufen kühl und dunkel und bei hoher Luftfeuchtigkeit lagern (in der 0-Grad-Zone im Kühlschrank oder auf nassem Küchenkrepp in einer Frischhaltebox im Kühlschrank).
• Salatsoße zuerst zubereiten.
• Blattsalate rasch unter fließend kaltem Wasser abspülen und trocken schleudern. Bitte nicht lange wässern, damit wasserlösliche Vitamine und Mineralstoffe erhalten bleiben.
• Erst kurz vor dem Verzehr zerkleinern und mit der Salatsoße mischen, damit der Salat nicht zusammenfällt und auslaugt.
• Zitronen- oder Limettensaft statt Essig nehmen, das erhöht die Eisenaufnahme aus Gemüse und liefert zusätzlich Vitamin C.
• Hochwertige Pflanzenöle für die Salatsoße verwenden, damit fettlösliche Vitamine vom Körper verwertet werden können.

BLATTSALAT MIT FEINER SOSSE

Für 3 Portionen: 1–2 **Schalotten** abziehen und fein würfeln. 1 **Tomate** (70 g) abspülen, trocken tupfen und vierteln. Kernmasse herausschneiden und fein hacken. Schalotten, Tomatenkerne, 2 EL **Zitronensaft**, 1 TL **Ahornsirup**, 2 EL **Mineralwasser, Salz** und frisch gemahlenen weißen **Pfeffer** in einer Schüssel verrühren. 2–3 TL hochwertiges **Pflanzenöl** mit einer Gabel unterschlagen. Restliches Tomatenfleisch fein würfeln. **Blattsalat** putzen. Salatblätter abspülen, trocken schleudern. Blätter in mundgerechte Stücke zupfen. Soße nach Geschmack mit Naturjoghurt, Senf, frischen Kräutern oder geriebenem Ingwer verrühren. Salat und Tomaten erst kurz vor dem Essen mit der Soße mischen (pro Portion 65 kcal, E 2 g , F 4 g, KH 4 g, ED 0,8).

*Salat ohne ein gutes Öl wäre doch Essig. Obwohl:
Der saure Vertreter ist weitaus besser als sein Ruf*

Früher waren Essig und Öl einfach Essig und Öl. Doch zum Glück haben Länder wie Italien, Spanien, Griechenland ihre Esskultur zu uns gebracht und damit auch Olivenöl und Aceto balsamico.

ESSIGE: Am besten probieren, welche Sorte gut in Salate, Marinaden und Soßen passt. Synthetisch hergestellt ist Essig nur sauer. Gärungsessig dagegen entsteht aus einer alkoholischen Flüssigkeit (z. B. Apfelwein), die durch Essigbakterien vergoren wird. Hier sorgt die Grundsubstanz also für den Geschmack. Für Einsteiger sind guter Rotwein- und Weißweinessig die beste Wahl, die eignen sich für alles. Sherry-Essig vorsichtig dosieren, er schmeckt sehr intensiv. Obstessig geht gut zu Salat, Geflügel und roter Bete. Balsamessig (Aceto balsamico) ist eigentlich das Imitat der italienischen Delikatesse „aceto balsamico tradizionale", passt zu dunklen Soßen, aber auch zu Mozzarella. Weißer Balsamessig ist ideal für Joghurt- oder Quarkdips, Fisch und Spargel.

SPEISEÖLE: Öle liefern essenzielle Fettsäuren, die das Herz schützen; außerdem viel Vitamin E und sogar Karotinoide – beides bewährte Radikal-fänger. **RAPSÖL** gilt als gesündestes Öl, sein Fettsäuremuster ist ideal. Für **RAPSKERNÖL** wird die Rapssaat geschält und sehr schonend kalt gepresst. Dabei bleiben wertvolle Vitamine erhalten. Es schmeckt nussig und ist bis zu 160 Grad erhitzbar. **TRAUBENKERN-, KÜRBISKERN-, WALNUSS-, ARGAN-, LEINSAMEN-, PINIENKERNÖL** sind empfindlich und leicht verderblich – kaufen Sie sie nur in kleinen Mengen und dann ab in den Kühlschrank. Das gilt auch für Aromaöle (Zitrus-, Kräuter-, Chiliöl). Geröstetes dunkles **SESAMÖL** ist länger haltbar als das blassgelbe. Bei **OLIVENÖL** hat man die Qual der Wahl: mild, fruchtig, säuerlich oder kräftig? Einfach probieren! Das sagt das Etikett:

• „Extra vergine": Das Öl wurde kalt gepresst und gekeltert wie guter Wein. Es ist sogar zum Kochen geeignet (bis 180 Grad), seine einfach ungesättigten Fettsäuren sind ziemlich stabil.

• „Nativ extra": höchste Qualität

• „Nativ": mittlere Qualität

• „Olivenöl": Mischung aus Produktionsresten und frischem Öl

SONNENBLUMENÖL · SESAMÖL · OLIVENÖL · ROTWEINESSIG · BALSAMESSIG · WEISSWEINESSIG

Ideal für Gemüsereste,
die sich kombinieren und in Ei verpacken lassen

1. BEISPIEL KRABBEN-GEMÜSE-EI:
Feste Zutaten vorbereiten: Zucchini raspeln, Lauchzwiebeln in feine Ringe schneiden, Kirschtomaten abspülen und trocken tupfen, Nordmeer-Krabben eventuell abspülen.

2. Eimasse vorbereiten: 2 Bio-Eier (Größe M) in eine Schüssel aufschlagen.

5. 2 Tassen Wasser in den Dämpftopf geben, Topf schließen und aufkochen.

6. Das Gefäß in den Dämpfeinsatz stellen und diesen dann in den Dämpftopf einsetzen. Den Topf schließen und die Eimasse bei mittlerer Hitze 15–20 Minuten dämpfen.

3. 120 ml klare Hühnerbouillon oder Geflügelfond, 1–2 TL Fischsoße oder Sojasoße und nach Geschmack gehackte Chilischote (frisch oder getrocknet) zugeben und alles mit einer Gabel verrühren. Nicht schaumig schlagen.

4. Nun zuerst das Gemüse, dann die Eimasse in eine Schüssel, ein Weckglas oder eine ofenfeste Form geben. Krabben obendrauf streuen.

Alternativ. Oder im Wasserbad garen: Backofen auf 180 Grad, Umluft 160 Grad, Gas Stufe 3 vorheizen. Das Gefäß in einer Kasserolle auf den Boden des Backofens stellen. Kasserolle mit kochend heißem Wasser füllen, so dass das Gefäß zur Hälfte im Wasser steht. Das Ei etwa 20 Minuten im Wasserbad garen, bis die Masse gestockt ist.

7. Gefäß aus dem Dämpftopf oder Wasserbad nehmen (Vorsicht, heißer Dampf! Küchenhandschuhe benutzen) und etwas abkühlen lassen.

Ideal für Eierrolle, Omeletts, Pfannkuchen

1. BEISPIEL EIERROLLEN-TEIG: Den Backofen auf 200 Grad, Umluft 180 Grad, Gas Stufe 4 vorheizen. Inzwischen den Teig zubereiten. Dafür 40 g Magerquark, 6 EL Mineralwasser, Salz und 1 Bio-Ei (Größe M) verrühren. 20 g Weizenmehl (Type 550) zugeben, alles gut mit dem Schneebesen verquirlen und dann 10 Minuten quellen lassen.

2. Ein Backblech mit Backpapier (siehe Tipps) oder Kochpergament auslegen. Eierteig kurz durchrühren und in die Mitte des Backblechs gießen.

4. Den Teig auf dem Backblech 10–12 Minuten auf der mittleren Schiene backen. Backblech herausnehmen und den Teig vom Papier lösen.

Ofenpfannkuchen – leichter geht's nicht: Der Eierteig bräunt ganz ohne zusätzliches Fett im Backofen. Für eine größere Rolle die Zutatenmenge verdoppeln und die Masse auf Backblechgröße ausstreichen. Teig nach dem Backen halbieren.

3. Den Eierteig mit einem Teigschaber oder einer Palette zu einem Quadrat von ca. 20 x 20 cm Größe gleichmäßig dünn ausstreichen.

5. Eierteig füllen: z. B. mit pikantem oder süßem Quark, Bohnenmus, Guacamole, Hackragout, Lachstatar, Käsecreme oder feinem Gemüsesalat. Füllung je nach Konsistenz entweder auf den Teig streichen oder auf den unteren Teigrand geben und dabei zu den Seiten hin etwa 1–2 cm freilassen. Die Seiten zur Mitte hin einschlagen, den Eierteig aufrollen und auf die Nahtstelle legen. Die Teigrolle halbieren oder in kleine Portionsstücke schneiden.

TIPPS

• Die gefüllte Eierrolle schmeckt auch kalt sehr gut.
• In Scheiben geschnitten eignet sie sich – warm oder kalt – als Fingerfood oder fürs Buffet.
• Mit Salatcreme, Salatblättern, magerem Schinken- oder Geflügelaufschnitt und Gemüsestiften wird aus der Eierrolle ganz schnell ein Wrap zum Mitnehmen.
• So backt nichts an: Ideal ist Backpapier mit einer 3-D-Struktur, die einen kleinen Zwischenraum zwischen Papier und Teig lässt. Gibt's im Supermarkt.
• Wenn Sie das Eierrollen-Rezept verdoppeln, nehmen Sie nur 10 EL Mineralwasser. Teig zu einem Rechteck von 30 x 35 cm Größe ausstreichen.

KRÄUTER DIE VIELSEITIGEN

Kräuter machen klug, und zwar so: Mitnehmen, was die Kräuterecke hergibt, und munter damit experimentieren – dann weiß man mehr

Die Zeiten von **PETERSILIE, SCHNITTLAUCH** und **DILL** als Alleinherrscher im Küchenkräuterreich sind zum Glück vorbei. Denn es gibt so viele schöne Kräuter, mit denen sich geschmacklich toll variieren lässt. Inzwischen gehören mediterrane Kräuter wie **BASILIKUM, THYMIAN, SALBEI** und **ROSMARIN** zur Standardausrüstung jeder Küche – oder sollten es zumindest. Und neben den vielen wiederentdeckten einheimischen Kräutern wie **GARTENKRESSE, BÄRLAUCH, BOHNEN-KRAUT, ESTRAGON, LIEBSTÖCKEL, SAUER-AMPFER, PIMPINELLE** und **WALDMEISTER** sind auch immer mehr asiatische Kräuter auf den Wochenmärkten zu finden, zum Beispiel frischer **KORIANDER,** marokkanische oder japanische **MINZE** oder **THAI-BASILIKUM.**
Fast alle Kräuter sind appetitanregend oder verdauungsfördernd. Sie sind prall voll mit Wirkstoffen, die uns guttun: Neben den leicht flüchtigen, aromatischen oder scharf schmeckenden ätherischen

Ölen enthalten sie zum Beispiel Bitterstoffe, Mineralstoffe und Vitamine (vor allem viel Vitamin C). Oberstes Gebot: Frische! Welke oder gelbe Blätter, womöglich an vermoderten schleimigen Stielen, bitte gar nicht erst kaufen.
Kräuter sollten Sie immer schnell verbrauchen. Müssen sie doch mal ein paar Tage in den Kühlschrank, dann packt man sie am besten feucht in einen aufgeblasenen Tiefkühlbeutel oder in eine Plastiktüte, oder man legt sie auf ein feuchtes Küchenkrepp in eine Kunststoffdose. Und dann ab ins Gemüsefach. Empfindliche Kräuter wie Kerbel, Pfefferminze, Dill, Schnittlauch, Zitronenmelisse und Liebstöckel halten sich auf diese Weise vier bis fünf Tage, robuste Kräuter wie Rosmarin, Salbei und Thymian schaffen sogar auch zehn.
Übrigens: Kräuter sollten Sie nach dem Kauf nicht ins Wasser stellen oder ungekühlt aufbewahren, sie verlieren sonst schnell ihre Nährstoffe und welken, denn ihr Stoffwechsel läuft weiter.

SALBEI · ROSMARIN · THYMIAN · DILL · GLATTE PETERSILIE · KRESSE

MITGAREN STARKE TYPEN

UNERBITTLICH: Chili Was ihn scharf macht, heißt Capsaicin und steckt in Kernen und Zwischenwänden. Capsaicin regt die Durchblutung an, wärmt und bringt die Verdauung in Schwung. Wenn's zu scharf wird, hilft Fettes: Kalte Milch, Joghurt, ein Stück Käse oder Milchspeiseeis löschen flugs den Brand in Mund und Kehle. Beim Verarbeiten von Chili am besten Gummihandschuhe tragen. Und bloß nichts in die Augen wischen, das brennt höllisch! Spülen mit Wasser bringt leider nichts.

UNENTBEHRLICH: Zwiebeln Ob rot, weiß oder braun: „Haushaltszwiebeln" sind in der Küche so unentbehrlich wie das Salz in der Suppe. Rote Exemplare sind nicht nur schön, sie enthalten auch noch mehr sekundäre Pflanzenstoffe als ihre blassen Artgenossen; etwas feiner sind **Schalotten**. Aber gesund sind sie alle. Zwiebelwürfel nie im heißen Fett anbraten (sie verbrennen leicht), sondern zusammen mit Fett in die Pfanne geben und unter Rühren dünsten. Oder mit wenig Brühe kurz aufkochen, das spart Kalorien.

EINZIGARTIG: Knoblauch Das ätherische Öl Allicin macht Knoblauch so gesund und lässt uns aus allen Poren riechen. Nur duschen, Petersilie oder Gewürznelken kauen mildert den (Körper-)Geruch. Im Sommer ist Knoblauch am besten, dann kommt er erntefrisch aus Italien, Spanien oder Frankreich, ist rosig und schmeckt zart aromatisch. Getrocknet gibt es ihn das ganze Jahr über.

EXTRAVAGANT: Ingwer Er ist gesund, schmeckt zitrusartig und ist ein wenig scharf. Je später man Ingwer den Speisen zugibt, desto aromatischer wird alles. Beim langen Mitkochen bleibt sonst nur die Schärfe erhalten. Frische Ingwerknollen in ein feuchtes Küchenkrepp wickeln und im Folienbeutel im Gemüsefach des Kühlschranks aufbewahren. Oder dünn schälen, in Folie verpacken, einfrieren und nach Bedarf reiben.

VERFEINERN DIE CREMIGEN

Sahnesoßen sind unschlagbar gut, und ein Klecks Sahne macht Spinat und Tomatensuppe einfach feiner. Aber Sahne hat 40 Prozent Fett und eine Menge Kalorien. Es gibt Alternativen, die fast so schön wie Sahne sind: zum Beispiel **FETTREDUZIERTE PFLANZENCREMES** aus dem Kühlregal. Die haben nur 7 oder 15 Gramm Fett absolut, und man gibt sie esslöffelweise ins Essen – muss ja nicht gleich die halbe Flasche sein. Ein guter Ersatz sind auch pflanzliche **SOJACREME ZUM KOCHEN** mit 17 Gramm Fett pro 100 Gramm und normale **KAFFEE-SAHNE** (10 Gramm Fett). Wer es etwas säuerlich mag, nimmt griechischen **SAHNEJOGHURT** mit 10 Gramm Fett. Auch **SALATCREME** (9 oder 15 Gramm Fett), mit Bratenfond verrührt, ergibt eine cremige Soße für Kurzgebratenes oder Geflügel.

TIPP: Fettbewusst kochen heißt an Butter und Sahne sparen und fettarme Milchprodukte verwenden. Und dann zum Schluss 1–2 TL gutes Öl zugeben, wenn's passt.

KOCHTECHNIK 6 BRATEN MIT MINERALWASSER

Ideal für Kurzgebratenes (Huhn, Pute, Schwein, Rind) und Gemüse

1. **BEISPIEL STEAKS:** Fleisch (etwa 1,5–2 cm dick) kurz vor dem Braten salzen und pfeffern. Oder etwa 10 Minuten in einer Marinade aus Sojasoße, Tomatensaft, Honig und Gewürzen einlegen.

2. Gemüse, z. B. Paprika und Lauchzwiebeln, putzen und in Stücke schneiden.

4. Marinierte Steaks abtropfen lassen, Marinade beiseitestellen. Das Fleisch bei starker Hitze von jeder Seite etwa 2 Minuten braten. Ist die Flüssigkeit verdampft, esslöffelweise Mineralwasser zufügen, damit nichts ansetzt. Aber nicht zu viel Wasser nehmen, sonst kocht das Fleisch, statt zu braten. Steaks herausnehmen und warm stellen.

5. Gemüse in die Pfanne geben und etwa 5 Minuten unter Rühren bissfest braten. Mineralwasser teelöffelweise zufügen, damit nichts anbrennt. Gemüse mit frischen Kräutern, Salz und Pfeffer würzen oder die Marinade unterrühren.

3. 2–3 EL kohlesäurehaltiges Mineralwasser in einer beschichteten Pfanne aufkochen.

6. Fleisch und Gemüse anrichten und einen guten Teelöffel hochwertiges, kalt gepresstes Pflanzenöl darüberträufeln.

TIPPS

• Wenn das Öl erst nach dem Braten zugegeben wird, werden wertvolle Fettsäuren nicht durch die Hitze zerstört, und das Öl-Aroma teilt sich besser mit. Zum Beträufeln eignen sich Aromaöle wie Rosmarin-, Zitronen- oder Orangenöl, auch scharfe Chiliöle oder Bärlauchöl.

• Das Fleisch mindestens eine Stunde vorher aus dem Kühlschrank nehmen, damit es entspannt und nicht eiskalt in die Pfanne kommt.

Wenn das Essen so gut schmeckt, dass man am liebsten den Teller ablecken möchte – dann haben Sie bei der Soße alles richtig gemacht

Wir wissen nicht, was die Römer über ihre Speisen kippten, um sie verträglicher zu machen. Dem Vernehmen nach war es eine Art salzige Marinade aus gepökeltem Fisch. Vielleicht hätten ein paar Lorbeerblätter, mit denen sie so gern ihre Häupter krönten, hier einiges bewirken können ...

Würzen, abschmecken, eine raffinierte Soße zaubern – das erscheint manchen wie ein Buch mit sieben Siegeln. Eigentlich aber reicht oft schon Salz, frisch gemahlener Pfeffer und, zugegebenermaßen, etwas Geduld. Vorausgesetzt, die übrigen Zutaten sind gut in Form. Ist erst mal was zerkocht, kann auch die tollste Soße es nicht retten. Und wie sieht sie nun aus, die perfekte Soße? Ein paar Spritzer hiervon, ein Löffelchen davon ... Abschmecken müssen Sie am Ende selbst, aber was wozu passt, lesen Sie hier.

Ajvar Die mazedonische Paprikapaste aus gerösteten Schoten ist – je nach Hersteller – mal scharf, mal mild

WÜRZEN DIE RAFFINIERTEN

Marmelade zum Steak, Schokolade an den Braten? Das schmeckt super!

Ganz ohne Salz wären unsere Speisen fad, denn Salz bringt Aromen zur Geltung. Ebenso unentbehrlich und vielseitig ist Pfeffer. Grob geschrotet macht er flaue Soßen oder Suppen flott. Sehr gut passt er zu Süßem wie Desserts, Fruchtsalat oder Kompott.

FEIN-SAUER: Für feine Säure und samtiges Mundgefühl sorgen Senf oder Senfpulver. Vinaigrette, mit Senf gebunden, spart Öl. Beim Abschmecken von Suppen oder Soßen etwas Flüssigkeit abnehmen, mit mittelscharfem Senf verrühren und zurückgeben. So löst er sich gut auf. Süßer und körniger Senf plus frische Kräuter ist toll für Dres-

sings, Salatsoßen und Dips. Senf schnell verbrauchen, er verliert an Aroma und Schärfe.

SÜSS, FRUCHTIG, EDEL: Ungewöhnlich, aber einen Versuch wert ist Abschmecken mit Konfitüre, Gelee oder Marmelade. So wie die Prise Zucker den Geschmack herzhafter Speisen abrundet, können auch süße Fruchtaufstriche jedem Gericht einen besonderen Kick verleihen. Am besten teelöffelweise beginnen und immer wieder zwischendurch probieren. Besonders fein sind aromatisches Quittengelee, schwarzes Johannisbeergelee und bittere englische Orangenmarmelade. Für Marinade, asiatische Würzsoße und dunkle Bratensoße lohnt der Versuch mit Hagebutten- und Pflaumenmus. In Salatsoßen, Quarkcreme oder Joghurtsoße passt fast immer Lemon Jelly. Wer's süß mag, dem schmeckt auch eine leichte Honignote, entweder mild (Akazien- und Lindenblütenhonig) oder intensiv (Kastanien-, Thymian- oder Waldhonig). Honig ist übrigens super in Kombination mit Chili. Exotisch: Geraspelte (zart-)bittere Schokolade oder Espresso-Instant-Kaffee sorgen bei dunklen Soßen für einen raffinierten Geschmack.

WÜRZIG-SCHARF: Für Schmorgerichte, Currys, Ragouts und auch frische Joghurt-, Dickmilch- oder Sojacreme-Soßen und -Pasten kann man getrost auf fertige Gewürzsoßen aus dem Supermarktregal zurückgreifen: Mango-Chutney (fruchtigsüß), Ajvar (scharf oder mild), asiatische Chilisoße (scharf und süß), amerikanische Chilisoße (häufig scharf und rauchig), deutsche Chilisoße (eher harmlos) oder die klassische, leicht pikante, fruchtige Cumberlandsoße. Wesentlich schärfer wird's mit Tabasco und Meerrettich aus dem Glas. Die Steigerung: feurig-scharfes Harissa, eine marokkanische Paste aus Chili, Knoblauch und Olivenöl.

WÜRZIG-ÖLIG: Grünes und rotes Pesto sind da gut, allerdings kommen einige Fettkalorien zusammen. Genauso wie bei Tapenade (Olivenpaste) oder Erdnusscreme. Allrounder: Nicht zu verachten sind Tomatenmark und -ketchup, da kann ein Teelöffel schon viel bewirken. Kalorienarm, aber superaromatisch: frisch geriebene Zitronen-, Limetten- und Orangenschale, in Bio-Qualität, versteht sich. Und wer den vollkommen runden Geschmack sucht, probiert es mit einigen Tropfen Worcestersoße oder schlicht mit Sojasoße, der legitimen Nachfolgerin von „Maggi".

WILDPREISELBEEREN · SOJASOSSE · MEERRETTICH · SENF · THYMIANHONIG · KÖRNIGER SENF · CHILISOSSE · AKAZIENHONIG · MANGO-CHUTNEY

AROMAGAREN IN PAPIER

Ideal für Fisch, Gemüse, Tofu, Pastagerichte, zarte Fleischstücke

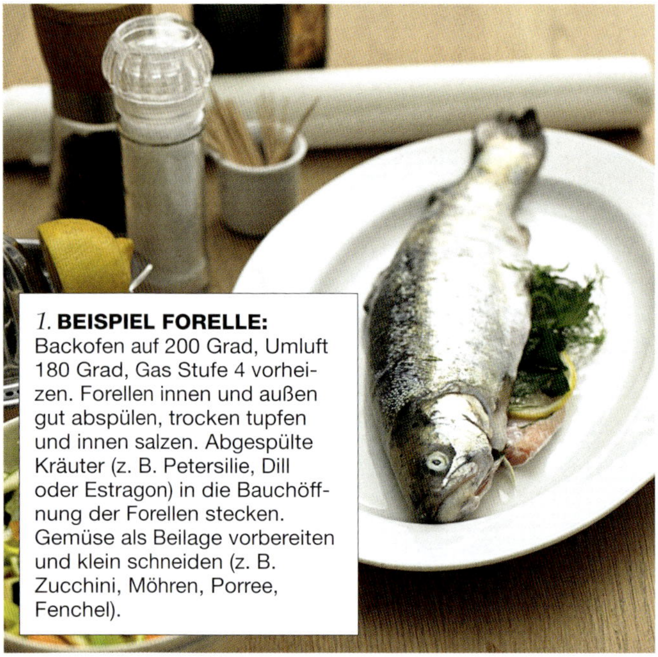

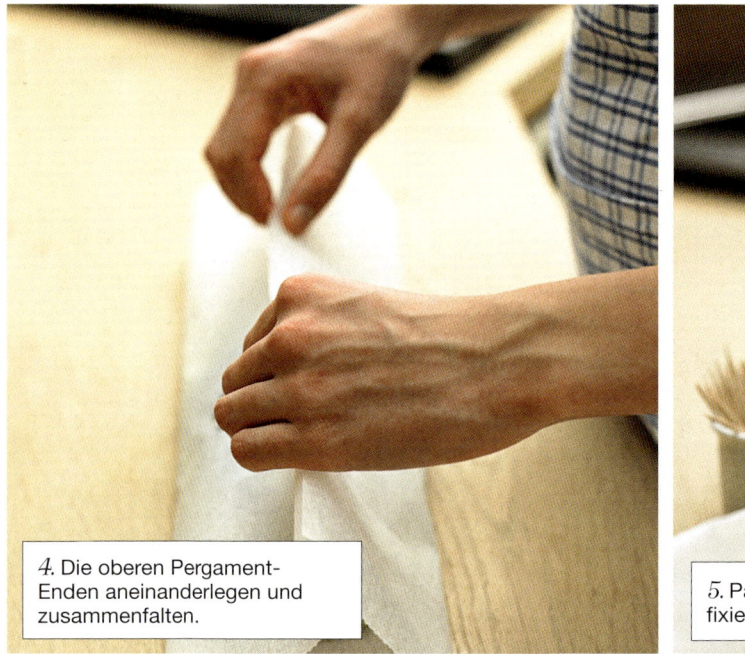

1. **BEISPIEL FORELLE:** Backofen auf 200 Grad, Umluft 180 Grad, Gas Stufe 4 vorheizen. Forellen innen und außen gut abspülen, trocken tupfen und innen salzen. Abgespülte Kräuter (z. B. Petersilie, Dill oder Estragon) in die Bauchöffnung der Forellen stecken. Gemüse als Beilage vorbereiten und klein schneiden (z. B. Zucchini, Möhren, Porree, Fenchel).

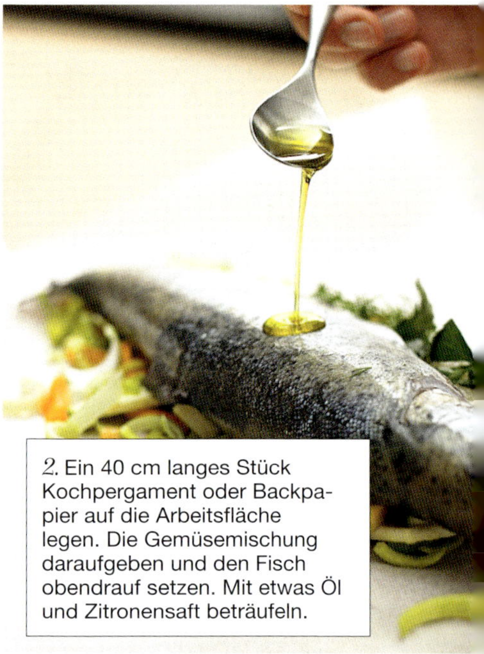

2. Ein 40 cm langes Stück Kochpergament oder Backpapier auf die Arbeitsfläche legen. Die Gemüsemischung daraufgeben und den Fisch obendrauf setzen. Mit etwas Öl und Zitronensaft beträufeln.

4. Die oberen Pergament-Enden aneinanderlegen und zusammenfalten.

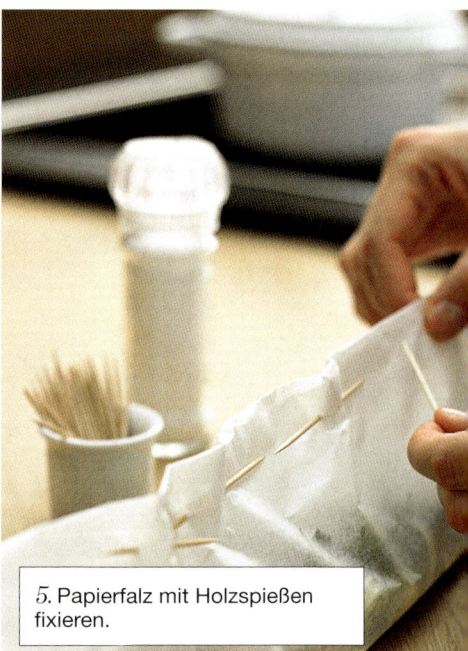

5. Papierfalz mit Holzspießen fixieren.

3. Papier über dem Fisch
zusammennehmen.

6. Die beiden Enden des Päck-
chens zusammendrehen oder
zusammenbinden. Die Päckchen
auf einem Backblech auf der
mittleren Schiene etwa 20 Minuten im Ofen backen. Herausnehmen und erst kurz vor dem
Servieren öffnen, damit das
Aroma nicht verfliegt.

TIPPS

• In Papier garen die Speisen
im eigenen Saft, das verstärkt die
Aromen noch.
• Vitamine und Mineralstoffe bleiben
dank der kurzen Garzeit erhalten.
• Gut geeignet für Backofen und
Dämpftopf ist „Kochpergament". Es
klebt selbst bei hohen Temperaturen
(max. 220 Grad) nicht an den Speisen
fest. Einfetten ist überflüssig (gibt's
z. B. über www.kustermann-shop.de
oder bosfood.de).
• Übrigens: In Frankreich heißt das
Garen in der Papierhülle „en papil-
lote", auf italienischen Speisekarten
taucht es als „al cartoccio" auf.

Weitere Garzeiten bis 200 Grad:
Fischfilet
.... 8–12 Min.
Pilze (z. B. Shiitake,
Steinpilze)
.... 12–15 Min.
Gemischte Früchte........ 10–15 Min.

Ideal für Fischfilets und Fischkoteletts

1. Eine ofenfeste Form im Backofen auf 100–120 Grad vorheizen. Das Fischfilet kalt abspülen und trocken tupfen. Eventuell noch vorhandene Gräten mit einer Zange herausziehen. Das Fischfilet wenig salzen, z. B. mit grobem Meersalz, das ist nicht so intensiv.

2. Marinade zubereiten: ca. 100 ml Fischfond, Gemüsebrühe oder Fischfond mit Weißwein, 1–2 TL Olivenöl, 1–2 TL Zitronensaft, 1 Knoblauchzehe, Salz und weißem Pfeffer kurz erhitzen.

4. Fisch in die Form legen, mit dem restlichen Fond begießen. Form auf den Backofenboden stellen und den Fisch je nach Dicke garen (siehe Tabelle rechts).

Auch der Fisch soll auf dem Teller noch gut aussehen. Und das gelingt ihm bei der Niedrigtemperatur-Methode am besten

Ober-Unterhit
100°C
0:10 Std

OK

3. Form aus dem Backofen nehmen. Etwa die Hälfte des Fonds einfüllen.

5. Kräuter (z. B. Estragon und Minze) mit der Schere in feine Streifen schneiden. Zarte Gemüse (z. B. gelbe Paprika und Lauchzwiebeln) klein schneiden. Beides über den Fisch streuen, kleine Kirsch- oder Cocktailtomaten zugeben und weitere 5 Minuten garen.

TIPPS

- Fisch wird meist viel zu lange und zu heiß gegart (obwohl Fischeiweiß schon bei rund 70 Grad fest wird). Dabei können Eiweißstoffe ausflocken, was nicht schön aussieht. Bei der 100-Grad-Garmethode passiert das nicht: Da ist der Fisch im Inneren noch ein wenig glasig, aber auf jeden Fall gar.
- Fischsud eventuell mit Kochsahne oder Pflanzencreme verrühren und mit Senf, Ajvar, Meerrettich oder anderen Würzsoßen abschmecken.
- Das Rezept klappt auch für mehrere Portionen: Fischfilets auf der vorgeheizten Fettpfanne auf der untersten Schiene des Backofens garen.
- Diese Methode eignet sich besonders gut für magere Fischsorten, die leicht trocken werden, zum Beispiel Bio-Pangasius aus dem Mekongdelta, Tilapia (Buntbarsch), Neuseeland-Seehecht, Alaska-Seelachs, Seelachs aus der Nordsee, Zander aus Westeuropa. Aber auch Bio-Lachs und Zuchtlachs aus Norwegen, die zu den fettreichen Fischen zählen und bei denen das Fett eine besonders günstige Fettsäure-Zusammensetzung hat, kommen mit dieser Methode saftig, zart und aromatisch aus dem Ofen.
- Beim Fischkauf auf das MSC-Siegel achten (bestandserhaltender Fang).

Fisch bei 100–120 Grad garen – so lange dauert's:
Lachs- und Dorschkotelett.....25 Min.
Dünne Fischfilets..........10–15 Min.
Sonstige Fischfilets.......20–25 Min.

Ideal für Fleisch, ganze Fische und Gemüse

1. Das Backblech herausnehmen und den Backofen auf 200 Grad vorheizen. Fleisch oder Fisch würzen und nach Geschmack mit 1 TL Olivenöl bestreichen. Gemüse vorbereiten, klein schneiden und nach Gusto mit frisch gehackten Kräutern mischen.

2. Bratbeutel oder -schlauch weit öffnen, damit möglichst viel Luft hineingelangt.

4. Den Bratbeutel verschließen (siehe Herstellerangabe). Zu lange Knotenenden abschneiden, damit die Folie nicht die heißen Backofenwände berührt.

5. Das Päckchen auf das kalte Backblech setzen und an der oberen Seite mit einer Küchenschere einschneiden. Backblech auf die unterste Schiene im Backofen schieben und das Fleisch garen. **Beispiel Kasseler:** 1 kg magerer Kasselerrücken ohne Knochen (Foto) braucht 30–35 Minuten.

3. Zuerst das Gemüse auf den Boden des Bratbeutels geben. Darauf das Fleisch legen. 1–2 EL Mineralwasser oder Wasser dazu.

6. Backblech herausnehmen und den Bratbeutel oben aufschneiden. Inhalt herausnehmen und die Flüssigkeit aus dem Beutel zum Schluss über das Fleisch und das Gemüse träufeln.

TIPPS

Garen im feuchtwarmen Klima:
• Alles bleibt saftig und aromatisch, diese Methode spart Kalorien, schont Vitamine und Mineralstoffe.
• Sparsam würzen, denn im Bratbeutel wirken Gewürze intensiver.
• Bratfolien sind auch für Umluft geeignet.

Weitere Garzeiten bei 180–200 Grad:
Putenoberkeule ohne Knochen . . . . 50–60 Min.
Hähnchenkeule . . . . 25–30 Min.
Rinderschmorbraten oder Lammkeule o. Knochen je cm Höhe . . . . 12–15 Min.
Ca. 600 g Seelachsfilet . . . 25–30 Min.
Immer 2–3 EL Flüssigkeit zugeben.

Vergessen Sie Stärke und Mehl – hier kommen „Verdickungsmittel", die Bindung mal ganz neu interpretieren

Erstaunlich: Handelsübliche Bindemittel enthalten oftmals mehr Fett als erwartet. Dann doch lieber gleich „echte" Natur. Zum Beispiel diese bindungsfreudigen Zutaten:

BINDOBIN ist ein rein pflanzliches Bindemittel aus Johannisbrotkernmehl. Kleinste Mengen (ein Messlöffel liegt bei) reichen für Kaltschalen, Suppen und Soßen. Kalorienarm, geschmacksneutral und glutenfrei (gibt's im Reformhaus).

ERDMANDELFLOCKEN Erdmandeln oder „tiger nuts" sind die Wurzelknollen eines tropischen Grases. Die Flocken schmecken etwas süß, nussig und erinnern an Mandeln. Sie enthalten viele Ballaststoffe, ungesättigte Fettsäuren und Biotin (Vitamin B). Für kalte Joghurtsoßen, warme Fruchtsoße, süße Aufläufe und auch fürs Müsli.

HAFERVOLLKORNFLOCKEN und Schmelz- oder Instant-Flocken lösen sich in kalten und heißen Flüssigkeiten schnell auf. Hafer gilt als gesündestes Getreide. Es enthält hochwertiges Eiweiß, einen prima Fitmacher. Außerdem stecken in Hafer ungesättigte Fettsäuren, Vitamine, Mineral- und Ballaststoffe.

HEFEFLOCKEN schmecken mild-nussig und enthal-

ten gesunde B-Vitamine, Mineralstoffe und Eiweiß. Zum Würzen und Binden von Suppen, Soßen, Salaten, Gemüseeintöpfen und Dips. Hefeflocken immer erst nach dem Kochen zugeben.

KARTOFFELPÜREEFLOCKEN Daraus lässt sich nicht nur Püree machen, sie können auch schnell und einfach Suppen, Soßen und Ragouts kalorien- und fettarm binden.

HEFEFLOCKEN

ERDMANDELFLOCKEN

WEIZENGRIESS ist fast geschmacksneutral und deshalb vielseitig zu verwenden. Die meisten kennen und lieben ihn in Form von Grießbrei. Er ist für süße aber auch pikante Suppen, gefülltes Gemüse, Aufläufe und – natürlich – Pudding geeignet. Farbe ins Spiel bringt der gelbe Polentagrieß, und schön körnig werden die Speisen mit den Weizengrießvertretern Couscous und Bulgur.

HELLE GRUNDSOSSE

Für 3 Portionen: 50 g feine weiße **Porreeringe**, 1 abgezogene **Knoblauchzehe** und ½ l klare **Hühnerbouillon** oder **Gemüsefond** in einer kleinen Pfanne etwa zur Hälfte einkochen (reduzieren). Soße in einen Rührbecher geben und pürieren. Soße zurück in die Pfanne geben und aufkochen. 1 EL **Kartoffelpüreeflocken** zugeben und aufkochen. 2 EL **Magerquark**, 2 EL **Kochsahne oder fettreduzierte Pflanzencreme** (15 % Fett) und 2–3 Spritzer **Zitronensaft** verrühren und in die Brühe rühren. Mit Kräutern, Kapern, Senf, Tomatenmark, Zitronensaft und -schale oder anderen würzenden Zutaten abschmecken (pro Portion ca. 60 kcal, E 3 g, F 2 g, KH 7 g, ED 0,6).

DUNKLE GRUNDSOSSE

Für 3 Portionen: 1 **Zwiebel** abziehen und fein würfeln. 1–2 reife **Tomaten** (100 g) hacken. In einem mittelgroßen Topf Zwiebelwürfel in 1 EL **Olivenöl** andünsten. 1 TL **Weizenmehl** und 2 EL **Tomatenmark** zugeben und unter Rühren anrösten. Tomaten, 2 EL dunklen **Balsamessig**, 1 TL **Ahornsirup**, 1–2 EL **Sojasoße**, 400 ml **Rinderfond** und 1–2 **Thymianzweige** zugeben, aufkochen und ohne Deckel etwa 5 Minuten bei mittlerer Hitze kochen. Je größer die Grundfläche des Topfbodens, umso schneller geht's. Die Soße pürieren, mit **Salz** und **Pfeffer** abschmecken (pro Portion ca. 85 kcal, E 4 g, F 5 g, KH 6 g, ED 0,6). Verfeinert werden kann die Soße mit gedünsteten Pilzen oder Schalotten, mit Orangenmarmelade, Kronsbeeren, schwarzen Oliven oder eingelegtem grünem Pfeffer.

Gut zu *wissen*

Wie oft am Tag sollte man essen? Machen Allergien dick? Was tun,
wenn der Heißhunger kommt? 15 Fragen und Antworten

1 Darf's morgens etwas mehr sein als abends?

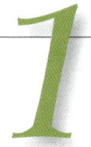

Nein. Wenn man abnehmen möchte, sollte man morgens bremsen. Studien an der TU München haben gezeigt: Wird zum Frühstück kalorienreich gegessen, geht das den ganzen Tag so weiter. Wir haben kein automatisches Bremssystem. Will man einige Kalorien einsparen, fällt das den meisten Menschen beim Frühstück am leichtesten. Und es lässt für den Rest des Tages mehr Freiheiten beim Essen.

2 Was bedeutet der Begriff „ausgewogen essen"?

„Ausgewogen" hat zwar etwas mit „wiegen" zu tun, aber es bedeutet nicht, dass wir von allem immer die gleichen Mengen essen sollten. Also etwa je 200 Gramm Kartoffeln, Gemüse und Fleisch. Ausgewogen bezieht sich auf die Hauptnährstoffe der Lebensmittel – Kohlehydrate, Eiweiß, Fett. Etwa die Hälfte der täglichen Kalorien sollten aus Kohlehydraten kommen (Kartoffeln, Nudeln, Reis, Gemüse, Obst), etwas weniger sollten wir von den Eiweißquellen Fleisch, Fisch, Milchprodukten, Eiern und Hülsenfrüchten essen und sparsam mit Fett wie Butter, Margarine und Pflanzenöl sein. Wer dann noch auf Vielseitigkeit und Abwechslung innerhalb der drei Gruppen achtet, macht alles richtig.

3 Wie viele Mahlzeiten pro Tag sollen es sein?

Es gibt keine Regel. Am besten probiert man aus, womit man klarkommt. Wer zwischen den Mahlzeiten längere Pausen lässt, hat bessere Chancen, Fett abzubauen und abzunehmen. Wer alle ein oder zwei Stunden etwas isst, neigt dazu, den Überblick über die verzehrten Mengen zu verlieren und insgesamt zu viel zu essen. Untersuchungen der TU München zeigen, dass trotz einer Zwischenmahlzeit die folgende Hauptmahlzeit nicht etwa kleiner ausfällt. Die Kalorienbilanz droht aus dem Gleichgewicht zu geraten. Bei Heißhunger zwischendurch ist es ratsam, etwas zu essen (siehe auch Frage 15), am besten einen Naturjoghurt ohne Fruchtzubereitung (Kohlehydrate) – so gerät der Blutzuckerspiegel nicht aus der Bahn.

4 · Sind Allergien schuld, wenn es mit dem Abnehmen nicht klappt?

Das behaupten Anbieter von Immunglobulin-G-Tests (IgG-Tests), doch die Deutsche Gesellschaft für Ernährung hält das für „reine Abzocke". Eine echte Allergie, von der die wenigsten Menschen betroffen sind, macht erwiesenermaßen nicht dick. Eine Unverträglichkeit gegenüber bestimmten Lebensmitteln – etwa Milchzucker (Laktose) – auch nicht. Mit den IgG-Tests soll man vermeintlichen Übeltätern auf die Spur kommen. Man streicht die betreffenden Lebensmittel vom Speiseplan, isst dadurch weniger und nimmt schon deswegen ab. Allerdings kann die Ernährung dadurch einseitig werden.

5 · Ist Eiweiß wirklich ein Schlankmacher?

Eiweiß ist definitiv der beste Sattmacher, den wir haben. Und wer satt ist, dem fällt es leichter, abzunehmen. Doch vorwiegend Fleisch, Fisch oder Eier zu essen wäre nicht im Sinne von „ausgewogen". Dennoch darf es etwas mehr Eiweiß sein – zulasten stärkereicher Kohlehydrate. Zum Beispiel ein Stück Fleisch mit viel Gemüse oder Salat dazu, aber ohne Kartoffeln oder Nudeln. Oder eine dünne Scheibe Brot mit viel magerem Schinken oder Quark belegt. Empfehlenswert sind Milch- und Sojaprodukte, Eier- und Hülsenfrüchte wie Erbsen und Bohnen. Die enthalten einen Mix aus Eiweiß, Kohlehydraten und Ballaststoffen, der gut sättigt.

6 · Sind Margarine und Öl gesünder als Butter?

Das wurde lange Zeit behauptet, ist aber inzwischen widerlegt. Es stimmt: Margarine enthält im Gegensatz zu Butter viele mehrfach ungesättigte Fettsäuren, die als gesund gelten. Neuere Studien zeigen aber auch, dass es für unsere Herzgesundheit unbedenklich ist, wenn wir lieber Butter essen. Butter enthält besonders viele kurzkettige gesättigte Fettsäuren. Die kann der Körper sehr gut als Energiequelle nutzen – sie werden verbrannt und belasten nicht den Blutkreislauf.

7 · Viel Obst essen ist doch richtig, oder?

Im Prinzip ja. Doch das bessere Obst ist Gemüse! Es liefert erheblich mehr gesunde sekundäre Pflanzenstoffe und hat weniger Kalorien. Obst trägt deutlich zu unserem Kalorieninput bei, haben Untersuchungen der TU München ergeben, auch weil Früchte relativ groß sind und ja meistens im Ganzen gegessen werden. So hat eine Banane rund 100, eine Möhre (80 Gramm) aber nur 25 Kilokalorien. Obst wird in der Regel zwischendurch gegessen, was den Appetit bei der folgenden Hauptmahlzeit keineswegs schmälert. Die Kalorien von Banane oder Birne kommen also on top. Fazit: Zum Abnehmen empfiehlt es sich nicht, viel Obst zu essen.

8 Sind Süßstoffe empfehlenswert?

Süßstoffe wie Aspartam oder Saccharin liefern zwar keine Kalorien, erzeugen aber nicht das gleiche Mundgefühl, befriedigen den Süßhunger nicht so wie „echte" Süße. Einige Süßstoffe haben einen bitteren, metallischen Nachgeschmack und stimulieren sogar den Appetit. Der entscheidende Nachteil ist, dass sie den Körper um die Stimmungsaufhellung betrügen. Süßstoffe regen nicht die Bildung von Serotonin an, dem Botenstoff im Gehirn fürs Wohlbefinden. Tipp: auf Süßstoffe verzichten und sparsam Zucker oder Honig verwenden.

9 Wie kann man seinen täglichen Kalorienbedarf berechnen?

Mit Bordmitteln leider nicht, das geht nur beim Arzt. Wie viele Kalorien jeder braucht, hängt von verschiedenen Faktoren ab. Etwa von den Genen (ob der Stoffwechsel schnell oder langsam ist), vom Bewegungspensum und vom Gewicht – schwere Menschen haben einen höheren Kalorienbedarf als leichte. Ein Anhaltspunkt sind folgende Daten: 20-jährige Frauen mit Bürojob haben einen Kalorienbedarf von ca. 1950 Kilokalorien pro Tag, 60-jährige von ca. 1800 Kilokalorien. Wer sich im Beruf oder zu Hause viel bewegt (Krankenschwester, Hausfrau) oder viel Sport macht (vier- bis fünfmal die Woche 30 bis 60 Minuten joggen, Rad fahren oder stramm spazieren gehen), darf 500 Kilokalorien pro Tag drauflegen. Männer verbrauchen aufgrund größerer Muskelmasse ca. 500 (20-jährige) bis 300 Kilokalorien (60-jährige) mehr als Frauen.

10 Mal eine Mahlzeit auslassen – gut für die Figur?

Ja, wenn es zu den eigenen Ernährungsgewohnheiten passt. Vorteil: Man spart de facto Kalorien. Das fehlende Frühstück wird nicht später „nachgeholt", etwa durch eine größere Mittagsportion, haben Untersuchungen gezeigt. Wer also morgens nicht gern etwas isst, kann dies gleich als eingesparte Kalorien verbuchen. Wer es aber liebt, zu frühstücken, sollte den Morgensnack nicht mit Gewalt auslassen. Sonst geht kurz darauf die Nascherei los, und Kalorie kommt zu Kalorie. Empfehlenswert: nichts zwischendurch zu essen. Dann ist nach den Hauptmahlzeiten ein paar Stunden Zeit, Fett zu verbrennen.

11 Bei Aufschnitt immer nur fettarme Sorten – muss das wirklich sein?

Nicht, wenn's um die Gesundheit geht. Bisher glaubte man, dass fettreiche Käse und Wurst schlecht fürs Herz seien, weil sie das „böse" LDL-Cholesterin erhöhen. Doch unser Fettkonsum scheint auf die Herzgesundheit keinen Einfluss zu haben, wie namhafte epidemiologische Studien inzwischen zeigen. Zwar können kleine, dichte LDL-Partikel die Arterien angreifen. Doch kleiner und dichter werden sie nicht, weil wir zu viel Fett essen, sondern zu viele Kohlehydrate – also Süßes, Brot und Kuchen, ergaben Laborstudien. Wenn's ums Abnehmen geht, gilt: an Kohlehydraten sparen – aber auch an Fett, denn es liefert pro Gramm 9 Kilokalorien.

12 Machen die Wechseljahre dick?

Nein. Wer meint, jetzt dicker zu werden, hat schon vorher versäumt, rechtzeitig gegen-zusteuern. Denn ab etwa dem 30. Lebensjahr baut der Körper wenig benutzte Muskeln ab. Folge: Der Grundumsatz sinkt. Je älter man wird, desto mehr macht sich das bemerkbar, und desto mehr Fett wird eingelagert. Nur ein konsequentes Krafttraining hilft, nicht zuzunehmen. Um abzunehmen, sollten zusätzlich Kalorien vom Speiseplan gestrichen werden. Gemächliches Joggen, Walken oder Radfahren lässt leider kaum Fett schmelzen. Richtig effektiv ist ein Intervalltraining (Belastungs- und Erholungsphasen im Wechsel).

13 Warum kann man von Süßem oder Fettem so schwer die Finger lassen?

Weil solche Snacks im Gehirn wie eine Droge wirken. Das vermuten jedenfalls US-Wissenschaftler, die diesen Effekt bei Ratten nachwiesen. Sie fütterten die Tiere mit fettigen und kalorienreichen Lebensmitteln. Ab einer bestimmten Menge fühlten sich die Nager geradezu gezwungen, weitere Massen an ungesunder Nahrung zu sich zu nehmen. Dahinter stecke derselbe Mechanismus, den Wissenschaftler schon zuvor bei Kokain- und Heroinsüchtigen beobachtet hatten, heißt es in der Studie. Als die Ratten kein Junkfood mehr bekamen, traten sie prompt in den Hungerstreik. Nach etwa zwei Wochen hatte sich ihr Essverhalten normalisiert.

14 Mal ein Glas Wein oder zwei – wie viel ist gesund?

Es gibt keine eindeutige Antwort. Rotwein ist Bestandteil der als gesund gepriesenen „Mittelmeerkost". In moderaten Mengen schützt er Herz und Kreislauf und scheint das Leben zu verlängern. Andererseits: Alkohol gilt als Risikofaktor für einige Krebsarten, daher raten die Fachgesellschaften vom Alkoholkonsum ab. Da für das Krebsrisiko aber auch die Gene und die Lebensführung eine Rolle spielen, kann nur jeder für sich entscheiden, ob er Alkohol trinken möchte oder nicht. Gegen „mal ein Glas Wein" zum Essen ist aber nichts einzuwenden – auch während einer Diät. Problematisch für die Figur ist das tägliche Viertele oder Feierabendbier und nicht die Party mit einigen Drinks zu viel.

15 Heißhunger! Was hilft außer essen?

Die Fressattacke auszuhalten klappt fast nie. Besser wäre Ablenkung. Zum Beispiel mit einer Freundin telefonieren, einen Spaziergang machen oder sich sportlich betätigen – Treppen hinauflaufen, Seil springen. Wer etwas essen möchte, sollte einen Joghurt parat haben, ein hart ge-kochtes Ei, etwas mageren Schinken oder ein Stück Käse, Gemüse oder nicht zu süßes Obst. Hilfreich außerdem: nachfor-schen, ob man „echten" Hunger hat, ob man eventuell insgesamt zu wenig isst oder ob Stress im Spiel ist. Dann bieten sich Entspannungstechniken an (Tipps unter www.brigitte.de/entspannung).

So *läuft's* noch besser

Abnehmen klappt am besten mit Bewegung. Nutzen Sie vor allem Ihren Alltag, letztlich zählt jeder Schritt

Man sollte, man müsste, man könnte – und wie wär's, wenn man's einfach mal täte: sich mehr bewegen? Aber immer steht etwas im Weg. Als Erstes die Gewohnheit. Wir steigen morgens ins Auto, in der Firma fahren wir mit dem Fahrstuhl in den zweiten Stock, nehmen in der U-Bahn oder im Kaufhaus wie selbstverständlich die Rolltreppe. „Gewohnheiten sind erst wie dünne Fäden und später wie dicke Stahlseile", heißt es. Was sich einmal eingeschliffen hat, ist quasi automatisiert, besonders, wenn es um unsere Bequemlichkeit geht. Dazu kommt: Es wird uns auch sehr leicht gemacht, immer passiver zu werden. Mobiltelefone, Fernbedienungen für Fernseher, Radio und Rollläden, Förderbänder im Flughafen, Eingänge mit sich automatisch öffnenden Türen. Und natürlich der Computer. Wir laufen nicht mehr ins Reisebüro, sondern buchen vom Schreibtisch aus. Wir ordern Kleidung und Lebensmittel per Mausklick. Bloß nicht zu viel bewegen. Spart ja auch Zeit. Und die brauchen wir für – ja, wofür eigentlich? Um zu entspannen, auf dem Sofa zu liegen, fernzusehen oder im Web zu surfen. Wir haben schließlich genug um die Ohren, einen anstrengenden Beruf, Haushalt, Kinder …

Ganz klar: Entspannung ist wichtig. Gefährlich dagegen ist Trägheit, die uns passiv macht. Wir riskieren die Gesundheit – leiden an Übergewicht, Bluthochdruck, Diabetes, Osteoporose. Auch das Risiko für Hirnleiden wie Parkinson, Alzheimer oder Depressionen ist höher als bei Menschen, die sich regelmäßig bewegen. Untersuchungen zeigen, dass gerade Frauen viel passiver sind als Männer.

WARUM SICH TREPPE STATT FAHRSTUHL LOHNT

Es gibt noch einen dritten Grund, warum manche Menschen sich zu wenig bewegen. Sie wissen nicht, was ihnen Spaß machen könnte. Und sie versuchen auch gar nicht erst, es herauszufinden. Sie lehnen Fitness-Studios, Schwimmbäder und Joggen im Park kategorisch ab. Dann wird's wirklich eng. Diese Menschen werden nie erfahren, wie gut es sich anfühlt, wenn man sich überwunden und etwas getan hat. Manchen fehlt auch die Fantasie, wie sie sich ohne viel Aufwand im Alltag mehr bewegen könnten. Oder sie glauben nicht daran, dass es wirklich etwas bringt, wenn man die Treppe statt den Fahrstuhl nimmt.

Für eine US-Studie ließ man Berufspendler vom Auto auf Bus und Bahn umsteigen – sie nahmen in einem Jahr drei Kilo ab im Vergleich zu den Pendlern, die weiterhin das Auto nutzten. Andere Studien gingen der Frage nach „Was machen schlanke Menschen anders als dicke?". Ergebnis: Sie sind mehr in Bewegung. Sie sitzen weniger, gehen schneller, sind insgesamt motorischer. Viele ihrer

Muskeln arbeiten ständig. Jede einzelne Bewegung mag nur klein sein. Aber insgesamt können auf diese Weise bis zu 350 Kalorien mehr am Tag verbrannt werden als bei passiven Menschen.

WIE SIE BEWEGUNG IN IHREN ALLTAG BRINGEN

Wenn Sie tagsüber hauptsächlich sitzen, dann sollten Sie kleine Bewegungseinheiten an Ihre tägliche Routine koppeln. Am besten gleich morgens damit beginnen und den Wecker 15–20 Minuten früher stellen. Und schon geht's los:
- Im Bett ausgiebig räkeln und dehnen. Dann raus aus den Federn und ca. 10 Minuten ein leichtes Fitness-Training absolvieren (siehe Übungen auf den folgenden Seiten).
- An einer x-beliebigen Wand: ein Bein nach hinten anwinkeln und die Fußsohle flach und fest gegen die Wand pressen, als ob Sie die Wand wegdrücken wollten, einige Sekunden halten, Beinwechsel und das Ganze noch ein paarmal. Diese Übung kräftigt die Beinbeuger und den Po.
- Beim Zähneputzen die Füße hüftbreit aufstellen, die Zehen zeigen nach vorn. Jetzt langsam in die Knie gehen, aber das Gesäß nicht tiefer als die Knie, dann langsam wieder hoch und mindestens zehnmal wiederholen. Stärkt die Oberschenkel. Gut für die Balance und die tiefer sitzenden Muskeln: sich einbeinig auf ein zusammengerolltes Handtuch stellen und das Gleichgewicht eine Weile halten.
- Am Arbeitsplatz beim Telefonieren immer aufstehen (und rumlaufen, falls Sie schnurlos telefonieren). Oder die Knie beugen (siehe Zähneputzen). Zwischendurch immer mal gerade hinsetzen, die Arme hochstrecken, Handflächen zeigen nach innen. Schulterblätter, so weit es geht, zur Wirbelsäule nach hinten ziehen. Das trainiert die Muskeln des oberen Rückens. Auch gut: ein Flexband im Büro deponieren und nach Anleitung (liegt bei) immer mal ein paar Minuten etwas tun.

SO SCHMILZT DAS FETT

Kleine Bewegungseinheiten, zusätzlich zum vermehrten Treppensteigen, Zu-Fuß-Gehen etc., helfen, das Gewicht zu halten und nicht stetig zuzunehmen. Selbst das ist eine Leistung, denn Zunehmen ist sozusagen normal, weil Muskeln abgebaut werden, solange wir nichts dagegen tun. Wer richtig abspecken will und dabei auf Ausdauer- oder Krafttraining setzt, sollte wissen: Der „Fettabbau-Modus" bzw. das Fettstoffwechsel-Training machen nicht schlanker. Am effektivsten ist ein Intervalltraining: abwechselnd powern und bei mäßiger Anstrengung trainieren. Anfänger sollten beim Belastungsteil zu Beginn einen Gang zurückschalten und sich lieber allmählich steigern.

Ganz schnell fit

Fitness to go: 5-Minuten-Workouts für Arme, Beine, Bauch und Po stärken die Muskeln und kurbeln die Fettverbrennung an

Das 5-Minuten-Workout
für straffe Arme

Diese drei Übungen für jeden Tag kommen aus dem Hanteltraining und sorgen für schöne feste Oberarme

Übung 1: Biceps-Curl plus Armeheben

Für die Schultermuskeln und die Vorder- und Rückseite der Arme

Gehen Sie leicht in die Grätsche, die Fußspitzen und Knie zeigen nach außen, Po und Bauch sind angespannt. Hanteln in die Hände nehmen und die Arme auf Schulterhöhe seitlich ausstrecken, die Handrücken zeigen nach hinten. Die Ellenbogen sind leicht gebeugt, die Schultern gerade und tief. Den Nacken lang machen. Nun die Arme zum 90-Grad-Winkel beugen, dann weiterbeugen und die Hanteln zu den Schultern führen. Zurück in die 90-Grad-Position, dann die Arme wieder seitlich ausstrecken. Immer im Wechsel. Die Ellenbogen bleiben auf Schulterhöhe. Wer noch Kraft hat, geht bei jedem Armbeugen leicht in die Kniebeuge. Beim Arme-Strecken wieder hochkommen. Das bringt zusätzlich Kraft für die Bein- und Po-Muskeln. 2-mal 20 Wiederholungen. Zwischendurch kurz Pause machen und die Arme ausschütteln.

Übung 2: Triceps-Curl
Für die Armrückseite

Nehmen Sie eine Hantel in die rechte Hand und
gehen Sie in Schrittstellung. Stützen Sie sich mit
der linken Hand auf dem linken Oberschenkel ab.
Den rechten Ellenbogen hinter dem Körper möglichst hoch führen, Ober- und Unterarm bilden
einen 90-Grad-Winkel. Nun den rechten Unterarm so weit wie möglich nach hinten führen und
langsam wieder anwinkeln. Der Oberkörper bleibt
gerade. 15-mal. Seitenwechsel. Kurze Pause. Und
die Übung noch einmal wiederholen.

Übung 3: Boxing
Für Schultermuskeln, Bizeps und Brustmuskeln

Sie stehen in der Grätsche, die Fußspitzen zeigen
nach außen, die Knie sind leicht gebeugt. Arme
anwinkeln und die Hanteln so vor der Brust halten,
dass die Ellenbogen nach außen und die Handrücken nach vorn zeigen. Nun den rechten Arm
nach links vorn führen – etwa auf Schulterhöhe.
Dabei die rechte Ferse anheben und nach außen
drehen. Die Hantel zurück vor die Brust führen
und die Ausgangsstellung einnehmen. Dann das
Ganze gegengleich mit dem linken Arm und Bein.
Im Wechsel 20-mal pro Seite. Kurz Pause machen.
Und die Übung wiederholen.

Das 5-Minuten-Workout
für einen flachen Bauch

Drei perfekte Bauch-weg-Übungen für jeden Tag – sie kommen aus dem Core-Training und sorgen für eine schlanke, straffe Mitte

Übung 1: Power-Criss-Cross
Für die inneren und äußeren schrägen Bauchmuskeln

Legen Sie sich auf den Rücken, die Arme liegen neben dem Körper. Beide Beine senkrecht nach oben strecken. Jetzt Core-Spannung aufbauen: den Bauchnabel tief einziehen, die Spannung halten und dabei ruhig weiteratmen. Kopf und Schultern vom Boden abheben, die Hände an den Hinterkopf legen, Ellenbogen zeigen nach außen. Jetzt das linke Bein langsam Richtung Boden senken, gleichzeitig den Oberkörper nach rechts drehen, dabei den linken Ellenbogen Richtung rechtes Bein führen. Linkes Bein nach oben zurückführen, Oberkörper zur Mitte drehen, Kopf und Schultern bleiben oben. Seitenwechsel. 2-mal 10 Wiederholungen pro Seite.

Übung 2:
Intensiv-Crunch

Trainiert die geraden und die inneren Bauchmuskeln

In Rückenlage die Beine anwinkeln, Ober- und Unterschenkel bilden einen rechten Winkel. Hände an den Hinterkopf legen, Ellenbogen zeigen nach außen. Bauchnabel nach innen ziehen, Kopf und Schultern etwas anheben. Das Atmen nicht vergessen! Nun Oberkörper und Knie so weit wie möglich aufeinander zubewegen und wieder zurückkommen, ohne Kopf und Schultern ganz abzulegen. Jetzt die Beine schräg über dem Boden ausstrecken – der untere Rücken ist fest auf der Matte (kein Hohlkreuz machen!). Zurück in die Ausgangsposition kommen. Und wieder den Oberkörper zu den Knien, dann zurück, die Beine strecken, und zurück. Immer im Wechsel. 3-mal 10 Wiederholungen.

Übung 3: Half Roll Back

Für die gerade liegenden und seitlichen Bauchmuskeln (Taille) und die tief liegenden Muskeln an Bauch und Beckenboden

Setzen Sie sich hin, und stellen Sie die Füße auf. Die Hände seitlich an die Knie legen. Core-Spannung aufbauen (Bauchnabel einziehen) und Wirbel für Wirbel nach hinten rollen – bis etwa die Hälfte der Wirbelsäule abgerollt ist. Dabei rutschen die Hände an den Oberschenkeln hoch. Dann langsam wieder aufrollen. Im Sitzen den Rücken aufrichten. Und wieder bis zur Mitte abrollen. 10-mal. Dann verlagern Sie im Sitzen das Körpergewicht etwas nach rechts und rollen sich langsam – bis zur Mitte – auf der rechten Seite ab. Wieder hochrollen. Seitenwechsel. 5-mal pro Seite.

Das 5-Minuten-Workout
für schöne Beine

Diese drei Übungen für jeden Tag machen schlanke, starke Beine – und sorgen für einen rundum schönen Auftritt

Übung 1: Wadenstrecker
Für die vorderen Oberschenkel und die Standfestigkeit

Die Arme in Schulterhöhe seitlich ausstrecken, das Gewicht aufs linke Bein verlagern (das Standbein ist leicht gebeugt) und das rechte Knie im rechten Winkel anheben. Die Fußspitze ist gestreckt. Nun den Unterschenkel langsam anheben – Ober- und Unterschenkel befinden sich in einer Linie – und wieder anwinkeln. Seitenwechsel. 2-mal 6 Wiederholungen pro Bein.

Übung 2: Schwingendes V

Trainiert die Hüfte und die Oberschenkel vorn, innen und außen

Breiten Sie die Arme aus, verlagern Sie das Gewicht aufs linke Bein und heben Sie das rechte Bein an: die Bein-Innenseite nach oben drehen, die Fußspitze strecken. Nun mit dem gestreckten rechten Bein ein großes V beschreiben: das Bein von rechts oben nach unten zur Mitte führen, auf den Boden tippen, dann nach links oben führen, wieder zurück und auf den Boden tippen. Seitenwechsel. 3-mal 8 Wiederholungen pro Bein.

Übung 3: Das große D

Trainiert die Oberschenkel und hält die Hüftgelenke beweglich

Setzen Sie sich hin und strecken Sie die Beine aus. Der Rücken ist aufrecht. Die Arme vor dem Körper auf Schulterhöhe anheben, die Schultern locker und tief lassen. Nun die linke Fußspitze anziehen, den rechten Fuß strecken, das rechte Bein etwas anheben – und ein großes D in die Luft malen: das Bein so weit hochheben, dass man noch aufrecht sitzen kann, einen großen Bogen nach rechts beschreiben und zurück in die Startposition. Seitenwechsel, und das D spiegelverkehrt ausführen. 2-mal 6 Wiederholungen pro Bein.

Das 5-Minuten-Workout
für einen schönen Po
Diese drei Übungen für jeden Tag sind aus dem Ballett und formen einen perfekt runden Po

Übung 1: Demi Plié
Für Bein- und Po-Muskeln und eine aufrechte Haltung

Stellen Sie sich gerade hin und öffnen Sie die Füße V-förmig (1. Position). Halten Sie die Arme locker vor dem Bauch, die Handflächen zeigen nach innen. Knie strecken, Po und Oberschenkel fest anspannen und die Schultern bewusst nach unten führen. Nun hoch auf die Zehenspitzen gehen und gleichzeitig die Arme über die Seiten hochheben, die Fingerspitzen zeigen zueinander. Ein paar Sekunden lang die Balance halten. In die 1. Position zurückgehen. Jetzt folgt die halbe Kniebeuge (Demi Plié): die Knie leicht beugen, das Gewicht ist auf beiden Füßen. Beine wieder strecken und in die 1. Position. 20 bis 25 Wiederholungen.

Übung 2: Arabesque

Strafft den Po, die hinteren Beinmuskeln und den unteren Rücken

In die 1. Position gehen (siehe Demi Plié), das rechte Bein nach hinten strecken und die Fußspitze aufsetzen. Bauchnabel nach innen ziehen, Schultern und Nacken bleiben entspannt. Jetzt das rechte Bein gestreckt halbhoch anheben, dabei den Oberkörper von der Taille aus in die Länge dehnen. Den linken Arm nach vorn ausstrecken, den rechten nach hinten Richtung gestrecktes Bein führen. Kurz halten – und die Fußspitze wieder absetzen. Seitenwechsel. Jeweils 5 Wiederholungen.

Übung 3: Passé-Développé

Für den Po, die Beinaußen- und -rückseite und die Haltung

Gehen Sie wieder in die 1. Position (siehe Demi Plié), halten Sie die Arme locker vor dem Bauch, die Handflächen zeigen nach innen. Das Gewicht auf links verlagern und die rechte Fußspitze innen ans linke Knie setzen. Das Standbein ist leicht gebeugt. Jetzt das rechte Bein so hoch wie möglich zur Seite strecken und die Arme gleichzeitig auf Schulterhöhe ausbreiten. Die Balance kurz halten. Die Fußspitze zurück ans Knie und die Arme wieder locker vor dem Bauch halten. Nun das rechte Bein nach hinten strecken und die Arme seitlich ausbreiten. Die Balance halten. Die Fußspitze wieder ans Knie setzen – und erneut das Bein zur Seite strecken. Seitenwechsel. Jeweils 5 Wiederholungen.

Glossar

Was ist eigentlich Bobotie? Was sind Erdmandeln? Lebensmittel und Begriffe aus den Rezepten – kurz und bündig

AGAVENDICKSAFT ist ein hochkonzentrierter Fruktosesirup, gewonnen aus dem Herz der blauen Agave. Die intensive, aber neutrale Süße verstärkt die Aromen und verteilt sich gut. Für Fruchtzubereitungen, Drinks, Eis und Desserts.

AHORNSIRUP – der eingedickte Saft des Zuckerahorns schmeckt mild bis kräftig-aromatisch. Er süßt intensiver als Zucker, enthält mehr Mineralstoffe als Honig und hat weniger Kalorien. Im Kühlschrank aufbewahren.

ALFALFASPROSSEN schmecken roh auf Brot oder im Salat oder in wenig Fett gedünstet, sie enthalten viel Vitamin C, Magnesium und Phosphor. Man kann sie im Weckglas ziehen oder fertig gekeimt kaufen. Vor dem Verzehr sollte man Sprossen grundsätzlich kalt abspülen.

ANANAS entwässert und kurbelt die Verdauung an dank Bromelain, einem eiweißspaltenden Enzym. Beim Konservieren wird es allerdings zerstört.

APRIKOSE – reich an Karotinoiden, der Vorstufe des Vitamin A, und Kalium. Gut für Haut und Schleimhäute.

ARTISCHOCKEN sind sogar aus der Dose empfehlenswert. Sie haben ein feinbitteres Nussaroma und liefern viele gesunde Inhaltsstoffe. Zum Beispiel den Bitterstoff Cynarin. Er ist für den herben Geschmack verantwortlich, senkt den Cholesterinspiegel, ist verdauungsfördernd und tut Leber und Galle gut.

AVOCADO – sie hat nach der Olive den zweithöchsten Fettgehalt (bis 30 Prozent). Die vorwiegend einfach ungesättigten Fettsäuren sind aber gesund, vermindern das als ungünstig geltende LDL-Cholesterin im Blut und stabilisieren die Blutgefäße.

BANANEN liefern schnelle Energie durch viel Zucker (Fruktose und Glukose). Die ideale Frucht für Kopfarbeiter, Sportler und Autofahrer. Ideal sind Mini- oder Baby-Bananen: Sie haben viel Geschmack, viele Nährstoffe und weniger Kalorien auf kleinem Raum. Und meist genügt eine kleine Banane als Snack vollkommen.

BEEFSTEAKHACK/TATAR/SCHABE-FLEISCH ist reines Rinderhack ohne Sehnen und Fett, mit höchstens sechs Prozent Fett.

BERGKÄSE – ein Hart- oder Halbhartkäse, oft aus Rohmilch hergestellt und garantiert ohne Konservierungsmittel in der Rinde. Der Käse muss aus einem Berggebiet stammen.

BIO-ZITRONEN sind zwar etwas teurer als konventionelle. Aber weil Zitronenschale ideal zum Verfeinern und Abschmecken ist, sollte Bio hier die erste Wahl sein.

BLAUSCHIMMELKÄSE – am besten probieren, was schmeckt: z. B. Gorgonzola (Italien), Roquefort, Saint Agur (Frankreich), Danablu (Dänemark), Blue Stilton (England), Bavaria Blue, Cambozola (Deutschland).

BOBOTIE ist ein malaiischer Hackfleischauflauf, der in Südafrika populär wurde. Der pikante Hackteig mit Bananen oder getrockneten Aprikosen wird mit Eiermilch überbacken und traditionell auf Safranreis serviert.

BRACIOLE – so heißen italienische Rinderrouladen aus dünn geschnittenem Fleisch. Stammen die Rouladen von Kalb, Schwein oder Pute, nennt man sie Involtini. Braciole werden aber auch mit Fischfilet gemacht.

BROKKOLI ist tiefgekühlt nährstoffreicher als frischer. Schon eine halbe Portion (100 Gramm) deckt den Tagesbedarf an Vitamin C.

BULGUR ist vorgekochter, grob oder fein geschnittener Hartweizen ohne Kleie, traditionell für Rezepte aus dem Vorderen Orient.

CARPACCIO – im Original hauchdünne rohe Scheiben vom Rindfleisch, mit Zitronensaft, Olivenöl und Parmesankäse fein gewürzt. Längst wird Carpaccio auch mit Scheiben von Fisch, Pilzen, Gemüse oder Obst zubereitet.

CHAMPIGNONS sind Kulturpilze und das ganze Jahr verfügbar. Die braunen Exemplare sind intensiver im Geschmack und länger haltbar als weiße Champignons.

CHICORÉE enthält, ebenso wie Radicchio, Bitterstoffe, die das Immunsystem stärken und die Verdauung anregen. Weniger bitter schmeckt er zusammen mit süßen Früchten oder anderen Blattsalaten und Gemüse. Roter Chicorée ist eine Kreuzung von weißem Chicorée mit Radicchio.

CHINESISCHES FÜNF-GEWÜRZE-PULVER (5-Spices) ist eine gängige Gewürzmischung aus Fenchelsamen, Gewürznelken, Kardamom oder

Pfeffer, Sternanis und Zimt. Geeignet ist der Mix nur für heiße Speisen, schmeckt nicht im Salat.

CHILI ist eine kleine scharfe Gewürzpfefferschote, die appetitanregend wirkt, die Magensaftproduktion erhöht und die Verdauung fördert. Je kleiner, desto schärfer.

CORNED BEEF – deutsches, als Aufschnitt, hat nur 2 bis 6 Gramm Fett; Corned Beef in Dosen (aus Brasilien oder Argentinien) ist viel fetter.

COUSCOUS besteht aus gemahlenen, zu kleinen Kügelchen geformten Getreidekörnern. Vorwiegend aus Weizen, aber auch aus Hirse und Mais. Instant-Couscous ist in 3 bis 5 Minuten fertig.

CRANBERRIES – getrocknet oder frisch sollen die Beeren gegen übermäßigen Harndrang und bei Blasenentzündung helfen. In jedem Fall sind sie eine gute Preiselbeer-Alternative.

DICKMILCH, Sauer- oder Stockmilch ist sauer gewordene Milch, die unsere Großmütter noch selbst gemacht haben. Im Handel gibt es sie mit 1,5 oder 3,5 Prozent Fettgehalt. Dickmilch schmeckt milder als Joghurt.

DIJONSENF – besonders feiner französischer Senf aus schwarzer Senfsaat mit Most oder Wein. Scharf-fruchtig, zum Kochen, Braten, Grillen.

EI – Hühnereier werden in vier Gewichtsklassen unterteilt: XL (sehr groß), L (groß), M (mittel),

S (klein). Am aufgedruckten Zifferncode erkennen Sie die Haltungsform: 0 = Bio (Freilandhaltung mit Futter aus ökologischem Anbau), 1 = Freilandhaltung, 2 = Bodenhaltung, 3 = Kleingruppenhaltung (Käfighaltung). Für die Rezepte in diesem Kochbuch werden überwiegend Bio-Eier der Größe M (53 bis 63 Gramm) verwendet.

ERDMANDELN oder Chufa sind Knollen von Sauergrasgewächsen mit mandelartigem Geschmack. Sie sind wie Nussmehl zu verwenden, außerdem gluten- und laktosefrei.

ERDNÜSSE sind keine Nüsse, sondern Hülsenfrüchte, daher der hohe Proteingehalt. Erdnüsse enthalten viele B-Vitamine und Mineralstoffe, außerdem Öl- und Linolsäure. Erdnusscreme gibt es in den Sorten crunchy (grob) und creamy (fein). Die Kerne sind reich an Vitamin E und B_7 (Biotin).

FELDSALAT enthält relativ viel Eisen, das aber nicht so leicht für den Körper verfügbar ist. Ein Löffel Zitronensaft ins Dressing verbessert die Eisenaufnahme. Nach dem Waschen den Salat etwa zehn Minuten in einem Plastikbeutel oder Kunststoffgefäß in den Kühlschrank legen, dann schmeckt er besonders knackig.

FENCHEL ist eine alte Gewürz- und Arzneipflanze. Die Gemüseknolle enthält große Mengen der Radikalfänger Betakarotin, Vitamin E und Vitamin C (sein Vitamin-C-Gehalt ist doppelt so hoch wie bei Orangen), außerdem Eisen, Magnesium, Kalium und Ballaststoffe. Das Fenchelgrün nicht wegwerfen, sondern wie frische Kräuter hacken und zum Schluss über die fertige Speise streuen.

FETA ist ein Salzlakenkäse aus Schafmilch. Gelegentlich wird bei seiner Herstellung Ziegenmilch mitverwendet. Nur in Griechenland produzierter Käse darf Feta genannt werden. Deutscher Käse nach Feta-Art wird aus Kuhmilch gemacht und ist milder.

FISCHFILET – ideal für die schnelle Küche und am besten mit dem MSC-Siegel. Der MSC (steht für Marine Stewardship Council = Rat zur Bewahrung der Meere) ist eine unabhängige Organisation, die sich für nachhaltigen und verantwortungsvollen Fischfang einsetzt (mehr Infos unter www.msc.org).

FLUSSKREBSE – ausgelöste Flusskrebsschwänze gibt es abgepackt im Kühlregal, sie müssen nur kurz erhitzt werden. Kalt schmecken sie prima im Salat.

GARNELEN ist der Überbegriff für eine Vielzahl von Krebstieren. Man unterscheidet nach Größe (z. B. Riesengarnele, Eismeergarnele, Nordseegarnele) und nach Herkunft zwischen Seawater- bzw. Salzwassergarnelen (Wildfang) und Freshwater- bzw. Süßwassergarnelen (Aquakultur).

GARTENKRESSE enthält viel Vitamin C und sollte daher vor allem im Winter besonders oft zum Einsatz kommen. Ihre Senföle wirken antibiotisch.

GAZPACHO ist ursprünglich eine andalusische Suppe aus Gemüsezwiebeln, Tomaten, Paprika und Gurken, die nicht gekocht, sondern kalt hergestellt wird. Serviert wird sie mit Croûtons.

GEMÜSE- ODER ZUCKERMAIS in Dosen ist süß, knackig und sättigt gut. Ideal als schnelle Beilage oder für Salate und Suppen.

GOMASIO ist eine japanische Würzmischung aus Sesamsaat und Meersalz.

GRANA PADANO heißt ein Hartkäse aus Italien, er ist pikant und leicht nussig und nicht zu verwechseln mit Parmigiano Reggiano (echter Parmesankäse). Der Grana Padano ist schlanker, er wird aus teilentrahmter Milch hergestellt und enthält höchstens 30 Prozent Fett i. Tr.; Parmesankäse hat mindestens 32 Prozent Fett i. Tr.

GRANATAPFEL-KERNE schmecken erfrischend süßlich-sauer und stecken voller zell- und gefäßschützender Pflanzenstoffe, wie zum Beispiel Anthozyane.

GRÜNER SPARGEL ist nährstoffreicher als weißer und wird aus verschiedenen Anbauländern nahezu ganzjährig importiert.

HEIDELBEEREN – es werden zwei Sorten angeboten: die kleinen, wilden Blau-, Bick- oder Waldheidelbeeren, die viel blauen Farbstoff (Anthozyan) enthalten. Er wirkt vorbeugend gegen Krebs, Herzinfarkt und Zellalterung, hilft außerdem bei Entzündungen und Durchfall. Die größeren Kultur-Heidelbeeren haben den tollen Farbstoff nur in oder unter der Schale, das Fruchtfleisch ist weiß. Dafür halten sie länger.

HIMBEEREN sind besonders wertvoll, ob frisch oder gefroren. Sie enthalten z. B. Eisen, Magnesium, Fruchtsäuren und Ballaststoffe. Ihre Anthozyane (Farbstoffe) und die Ellagsäure sollen vorbeugend gegen Krebserkrankungen wirken und vor Viren und Bakterien schützen.

HIRSE ist eiweiß- und mineralstoffreich, v. a. durch Silizium (Baustoff für Haare und Nägel), Eisen (fördert die Blutbildung) und Fluor (stärkt Zähne und Knochen). Hirse ist glutenfrei und empfiehlt sich daher für Zöliakie-Patienten.

INGWER ist ein tolles Gewürz mit vielfältigen Heilwirkungen. Es lindert Darm- und Magenbeschwerden, stärkt das Immunsystem, bringt den Kreislauf auf Trab und wirkt gegen Erkältungen, Rheuma und Übelkeit. Die Wirkstoffe sitzen direkt unter der Schale, deshalb den Ingwer bloß dünn schälen und die Knollen nur kaufen, wenn sie frisch und prall sind.

KEFIR ist ein prickelndes, kohlensäurehaltiges Sauermilchgetränk aus Kuh-, Ziegen- oder Schafmilch, die mit Kefirpilzen geimpft wurde. Kefir enthält gesunde Milchsäure, regt die Verdauung an und erfrischt. Es gibt ihn mit 3,5 und mit 1,5 Prozent Fett. Kefir kann wegen des Gärprozesses bis zu 2 Prozent Alkohol enthalten.

KICHERERBSEN sind, wie alle anderen Hülsenfrüchte, sehr eiweiß- und ballaststoffreich. Kombiniert mit Ei, Tofu, Fleisch, Fisch oder Milchprodukten wird ihr Eiweiß für den Körper noch wertvoller. Werden rohe Kichererbsen eingeweicht, das Wasser anschließend wegschütten, es enthält Giftstoffe.

KIWI liefert mehr als doppelt so viel Vitamin C wie Orangen oder Zitronen. Allen voran die gelbfleischigen Kiwis, da decken zwei Früchte den Tagesbedarf an Vitamin C.

KOKOSMILCH wird aus dem weißen Fruchtfleisch der Kokosnuss gepresst. Je nach Wassergehalt enthält Kokosmilch zwischen zwölf und 25 Gramm Fett. Fettreduzierte Kokosmilch hat zehn bis zwölf Gramm Fett. Kokoswasser nennt man die klare, leicht süßliche Flüssigkeit aus dem Innern der Kokosnuss. Die schmeckt aber nur, wenn die Nüsse grün geerntet worden sind.

KÜRBISKERNÖL ist nichts für die heiße Küche, sondern zum Abschmecken von Suppen und Soßen sowie für Salate und Käse geeignet.

LACHS wird bei uns am häufigsten als Zuchtlachs aus Norwegen, Schottland oder Irland angeboten. Zuchtlachse gibt es auch von Bio-Farmen. Der Wildlachs wird älter gefangen und ist fettärmer als Farmlachs. Sein Körper ist stromlinienförmig gebaut und weist ausgeprägte Flossen auf.

LAMMFILET ist das kleinste und zarteste Stück vom Lamm und wiegt ca. 50 Gramm.

LAMMRÜCKENFILET oder Lammlachs ist das ausgelöste, ca. 20 Zentimeter lange Kotelettstück vom Lammrücken, ohne Fett, Knochen, Sehnen. Das schiere Fleischstück wiegt ca. 200 Gramm.

LIMETTE bzw. Limettenschale wird nicht chemisch behandelt. Allerdings umgibt die Frucht eine künstliche Wachsschicht, die sie vor dem Eintrocknen schützt. Die sollte man vor Verwendung unter heißem Wasser abbürsten.

LÖWENZAHN ist ein bitteres Wildgemüse, zum Beispiel für Salat oder kurz gedämpft als Gemüsebeilage. Im Handel findet man auch weißen Kultur-Löwenzahn, der milder schmeckt. Wild wachsenden nur im Garten oder von nicht gedüngten Wiesen abseits der Straßen pflücken.

MAISGRIESS (Polenta) wird aus den reifen Maiskörnern gemahlen. Grieß ist Grundlage für den festen Brei, der in Italien zu Fleischgerichten serviert wird. Praktisch: Man findet auf dem Markt recht häufig vorgegarten Instant-Polenta-Grieß.

MAKRELE – der Fettfisch hat viele wertvolle Omega-3-Fettsäuren zu bieten, für ein gesundes Herz-Kreislauf-System. Besonders fein schmeckt die Makrele geräuchert oder gegrillt.

MANGO bietet neben Vitamin C und B viel Betakarotin, ein Schutzvitamin für Haut und Augen, sowie Vitamin E (Zellschutz).

MANGOLD ist kalorienarm und mineralstoffreich, enthält aber oft viel Nitrat. Deshalb nicht längere Zeit auf dem Herd warm halten, Hitze beschleunigt dessen Umwandlung in gesundheitsschädliches Nitrit. Mangold am besten zusammen mit Vitamin-Chaltigen Lebensmitteln verzehren (Orangensaft; Kiwi zum Dessert), das Vitamin schützt vor der toxischen Wirkung des Nitrits.

MISOSUPPE/-BOUILLON – Miso ist eine Würzpaste, die aus Sojabohnen hergestellt wird. Miso wird als Suppengrundlage, für Dips und Gemüsegerichte verwendet.

MUNGOBOHNEN-SPROSSEN werden im deutschen Handel oft fälschlicherweise als Sojabohnensprossen angeboten. Wer einen empfindlichen Magen hat, sollte die Sprossen nicht roh essen, sondern vorm Verzehr kurz in siedendem Wasser blanchieren. Ansonsten gilt: Sprossen immer gut waschen.

NATURREIS enthält im Gegensatz zu weißem geschälten Reis noch alle Vitamine, Mineral- und Ballaststoffe. Er schmeckt leicht nussig und ist kernig im Biss. Naturreis gibt es als vorgegarten Lang- und Rundkornreis (für Süßspeisen und Risotto). Natur- oder Braunreis aus Bio-Fachhandel und Reformhaus ist meist nur gereinigt und entspelzt und muss länger kochen.

NORDSEEKRABBEN oder Büsumer Krabben sind eigentlich Garnelen und müssen frisch gegessen werden. Im Kühlschrank nicht länger als einen Tag aufbewahren. Alle Garnelenarten sind kalorien- und fettarm.

OLIVEN – unreif sind sie grün, ausgereift dann schwarz oder braun/violett. Reife schwarze ste-

cken voller gesunder einfach ungesättigter Fettsäuren. Grüne Oliven sind fett- und kalorienärmer, enthalten mehr Vitamine, Mineralstoffe und Wasser. Steht auf dem Etikett „geschwärzt", dann handelt es sich um grüne Oliven, die durch Zusatzstoffe (E 579 und E 585) geschwärzt wurden. Diese Zusatzstoffe gelten als unbedenklich.

PAPAYA ist unter den exotischen Früchten die kalorienärmste: nur zwölf Kilokalorien pro 100 Gramm. Etwas Limettensaft darauf geträufelt erhöht den zarten Geschmack dieser gesunden Frucht, die in ihrer tropischen Heimat als Heilfrucht gilt.

PAPRIKASCHOTEN sind vielseitige Vitaminlieferanten: Vitamin A (Betakarotin), E, K, B_6, Folsäure und Vitamin C. Etwa eine halbe rote, orangefarbene oder gelbe Paprikaschote (100 g) enthält 155 Milligramm Vitamin C, mehr als den Tagesbedarf eines Erwachsenen. Die beste Qualität gibt es von Juli bis November. Beim Einkauf auf pralle und glänzende Schoten achten.

PARBOILED-REIS enthält mehr Vitamine und Mineralstoffe als geschälter weißer Reis. Dieser Reis hat eine geringere Garzeit als Naturreis, aber leider sind die Ballaststoffe bei der industriellen Herstellung verloren gegangen.

PARMESANKÄSE ist das bekannte Synonym für Parmigiano Reggiano, einen Hartkäse aus Rohmilch mit mindestens 32 Prozent Fett i. Tr. Dieser kräftig-würzige Kuhmilchkäse mit bröckeliger Struktur wird in mehreren Provinzen Oberitaliens hergestellt, ein Stempel auf der Oberfläche kennzeichnet das Original.

PFIFFERLINGE haben nur eine kurze Saison: nämlich von Juni bis September. Stark verschmutzte Exemplare in kaltem Wasser mit ein bis zwei Esslöffel Mehl zwei- bis dreimal waschen und (wichtig!) ausgebreitet auf einem Küchentuch trocknen lassen, bevor sie in die Pfanne kommen. Matschige Pilze gar nicht erst kaufen.

PFIRSICHE/NEKTARINEN sind so genannte klimakterische Früchte: Sie reifen nach der Ernte weiter. Aber am besten schmecken sie, wenn man sie reif kauft. Zum Aufbewahren die Früchte abspülen, trocken reiben und ins Gemüsefach des Kühlschranks legen (höchstens zwei Tage).

PICCATA sind hauchdünne Schnitzelchen vom Kalb, oft paniert und mit Zitrone serviert. Heute gibt es sie auch vom Schwein oder Geflügel.

PIMENTO-CHEESE ist ein amerikanischer Käseaufstrich aus Cheddar, Mayonnaise (oder Salatcreme) und Zwiebeln, pikant mit gehacktem Chili abgeschmeckt.

PINIENKERNE sind die Samen der Mittelmeerpinie. Leicht geröstet wird ihr Aroma noch intensiver. Wegen ihres hohen Fettgehalts Pinienkerne am besten im Kühlschrank aufbewahren und zügig verbrauchen.

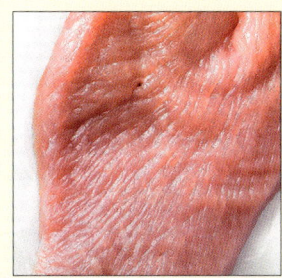

PUTE UND TRUTHAHN sind zwar schwere Vögel, aber die Putenbrust ist mit nur 1 Gramm Fett/100 Gramm (ohne Haut) ein Leichtgewicht. Das Fleisch der Putenkeulen ist dunkel, aromatischer und etwas fetter als die Brust: 9 Gramm Fett/100 Gramm.

RADIESCHEN – ihre Schärfe macht sie so gesund. Das dafür verantwortliche Allyl-Senföl besitzt antimikrobielle Wirkung. Zum Aufbewahren das Radieschenlaub entfernen. Frisch eignet es sich fein gehackt zum Würzen.

RAUKE/RUCOLA ist beliebt, aber in den Stielen sammelt sich Nitrat. Beim Putzen daher die Stiele entfernen (siehe auch Mangold).

RISOTTO, das cremig-flüssige Reisgericht, stammt ursprünglich aus dem Reisanbaugebiet in der norditalienischen Po-Ebene. Traditionell werden dafür die Reissorten Carnaroli, Vialone und Arborio genommen. Schnell und einfach geht's mit Risotto-Reis als Fertigprodukt, das es im Supermarkt zu kaufen gibt.

ROH-ROHRZUCKER aus dem Saft des Zuckerrohrs sollte genauso wie der konventionelle weiße Zucker nur sparsam eingesetzt werden.

ROTE LINSEN sind schnell gar, wenn sie klein, bereits geschält und halbiert sind. Durch ihre mehlig kochende Konsistenz sind sie ideal für Eintöpfe, Suppen, Curries und Dips. Besonders wertvoll: Linsen enthalten sehr viel Betakarotin.

ROTE ZWIEBELN machen sich nicht nur optisch gut im Salat, sie sind auch milder als helle. Außerdem enthalten sie Farbstoffe (Polyphenole), die vor Krebs schützen können. Anders als helle Zwiebeln kann man sie nicht lange lagern.

ROTKOHL ist wie Wirsing und Weißkohl reich an Mineralstoffen, Vitamin C, Folsäure und Anthozyanen, die für die lilaviolette Farbe sorgen. Im Gegensatz zu anderem Gemüse wird Vitamin C erst durch Erhitzen der Kohlblätter für den Körper verfügbar.

SALSA ist Spanisch und Italienisch und heißt nichts anderes als „Soße".

SESAMÖL ist in gerösteter Version ein dunkles, dickflüssiges Öl aus der China-Küche. Nicht zum Braten, nur zum Würzen verwenden und im Kühlschrank aufbewahren.

SESAMSAAT – die alte Kultur- und Ölpflanze ist magen- und darmfreundlich. Ihr Öl gilt als leicht verdaulich. Erst beim Rösten oder Braten entwickelt sich das feine, nussartige Aroma.

SHIITAKE-PILZE – sie stammen ursprünglich aus Japan und wurden früher auf Ästen gezogen. Die Pilze schmecken sehr würzig und sollen medizinische Heilkraft haben. Vor dem Garen die Stiele entfernen, sie werden sonst zäh.

SOJAJOGHURT ist ein durch Fermentation hergestelltes leicht verdauliches Produkt aus Sojamilch. Meist wird ihm Kalzium zugesetzt. Dann ist es eine gute Alternative für Menschen, die Kuhmilch nicht vertragen.

SPAGHETTI INTEGRALE – so heißen Vollkornnudeln in Italien. Sie werden aus 100 Prozent Vollkorn-Hartweizengrieß hergestellt.

SPAGHETTI ALLA PUTTANESCA – wörtlich übersetzt „Spaghetti nach Hurenart" – zeichnen sich durch eine würzige Tomatensoße mit Sardellen und Chili aus.

SPITZKOHL ist ein junger, zarter und nährstoffreicher Kohl, der zwischen Mai und September in Deutschland geerntet wird. Zum Aufbewahren den Spitzkohl in ein feuchtes Tuch wickeln und kalt lagern (höchstens fünf Tage).

STAUDENSELLERIE – auch Bleich- oder Stangensellerie genannt. Das kalorienarme Gemüse (12 Kilokalorien pro 100 Gramm) kommt von Juli bis Oktober aus dem Freiland. Achten Sie auf knackige Stangen, frische grüne Blätter und saftige Schnittstellen.

SUMACH ist ein säuerliches Gewürz aus der türkischen und arabischen Küche. Man schmeckt damit Salate, Reis- und Fleischgerichte ab.

TABOULEH heißt ein nahrhafter Petersiliensalat aus Couscous oder Bulgur mit Tomaten, Minze, Lauchzwiebeln, Olivenöl, Zitrone und viel Petersilie. Er stammt ursprünglich aus Libyen.

THAILÄNDISCHE FISCHSOSSE ist sehr salzig und wird in Thailand auch wie Salz verwendet. Die Soße wird aus fermentiertem Fisch hergestellt – und riecht entsprechend stark.

TIEFKÜHL-ERBSEN – kleine Kraftpakete mit Folsäure, Vitamin B_1 und C, Ballaststoffen und Eiweiß. Sie sind knackig und passen zu vielen Speisen. Für Salate nur kurz auftauen lassen.

TOFU wird aus Sojamilch hergestellt und in Blöcke gepresst. Der weiße, feste Sojaquark ist vielseitig verwendbar und die eiweiß- und ballaststoffreiche Alternative zu Fleisch und Geflügel.

TOMATEN, GETROCKNETE, müssen 20 bis 30 Minuten in Wasser oder Wein köcheln, damit sie weich werden und ihr Aroma entfalten. Seit Kurzem gibt es auch weiche getrocknete Tomaten, die direkt verarbeitet oder gegessen werden können.

TORTILLA – so heißt ein spanisches Omelett mit Kartoffeln, es kann zudem Stockfisch, Paprika oder Wurst enthalten.

TORTILLA-WRAPS sind hauchdünne Fladenbrote aus Mais- oder Weizenmehl. Sie eignen sich gut zum Füllen mit frischen Salaten.

VOLLKORNBROT (Vollkornbrötchen) aus geschrotetem oder gemahlenem Vollkorngetreide (überwiegend Weizen oder Roggen) enthält deutlich mehr Eiweiß, Vitamine, Mineralstoffe und sekundäre Pflanzenstoffe (Phytinsäure) als Weißbrot. Tipp: öfter mal Brot im Bio-Laden, Reformhaus oder beim Bäcker, der noch selbst backt, kaufen (Infos z. B. unter www.slowbaking.de).

WALNÜSSE enthalten Omega-3-Fettsäuren und Phytosterine, die gut für Herz und Kreislauf sind. Außerdem viele Mineralstoffe und Vitamine – schon ein paar Nüsse täglich sollen vor Krebs und grauem Star schützen. Walnüsse stärken die Nerven und liefern schnelle Energie.

WEINTRAUBEN sind zwar gesund wie jedes Obst, aber sie sind relativ kalorienreich und enthalten viel Zucker (Kohlenhydrate).

WOK-INSTANT-NUDELN brauchen nicht vorgekocht zu werden. Man gibt sie mit Flüssigkeit in Wok oder Pfanne (siehe Packungsaufdruck).

YUFKA- ODER FILO-TEIG gibt es eingeschweißt beim Türken. Es sind hauchdünne, runde oder dreieckig geschnittene Strudelteigblätter, die bereits küchenfertig sind.

ZUCKERSCHOTEN haben viele Namen: Zuckererbsen, Schotenerbsen, Brecherbsen, Knackerbsen, Kaiserschoten oder Kefen. Bei den feinsten der Erbsen-Familie wurde die ungenießbare Pergamenthaut an der Innenseite der Hülse weggezüchtet, damit die Schote im Ganzen gegessen werden kann. Zuckerschoten nicht roh essen, zumindest kurz blanchieren.

REGISTER ALLER REZEPTE

FÜR FREUNDE UND FAMILIE

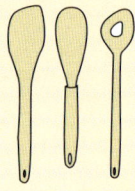

KLEINE KOCHSCHULE

BRIGITTE-ANGEBOTE IM ÜBERBLICK

	Was ist das?	Was wird geboten?	Geeignet für alle…	Was kostet es, und wie kommt man ran?
Diät-Coach	Ein Online-Diät-Programm auf www.brigitte.de, das man abonnieren kann – für einen Monat, drei, sechs oder zwölf Monate	Individueller Ernährungs- und Fitnessplan. Über 12 000 Rezepte (inklusive BRIGITTE-Rezepte). Ernährungstagebuch und Gewichtskurve. Expertenrat. Nutzer-Community	• die regelmäßig im Internet sind • die sich ein Ziel setzen und dies nach einem vorgegebenen Plan erreichen möchten • die diszipliniert protokollieren, was sie essen	Das Diät-Coach-Abo kostet • 14,90 Euro für einen Monat • 34,90 Euro für drei Monate • 59,90 Euro für sechs Monate • 99,90 Euro für zwölf Monate Anmelden können Sie sich unter www.brigitte.de/diaet-coach
Figur-Coach	Eine Software, die einmalig aufs Handy geladen wird. Ziel: abnehmen, das Gewicht halten oder zunehmen	Rezept- und Fitness-Vorschläge. BRIGITTE-Rezepte. Datenbanken zur Eingabe von Lebensmitteln (was hab ich heute gegessen?) und Aktivitäten (wie viel habe ich mich bewegt?). Energiebilanz	• die Handy-affin sind • die weder Community noch Expertenrat brauchen • die sich ein Ziel vornehmen und diszipliniert im Handy eingeben, was sie essen • die ständige Kontrolle über ihre Energiebilanz möchten	• Einmalig 4,99 Euro, plus SMS- und WAP/GPRS-Gebühren • Per SMS mit der Angabe BRIGITTE an die Nummer 44444 (Sie brauchen ein WAP-fähiges Handy) • Alle Infos unter www.brigitte.de/figur-coach
Ernährungs-Coach	Eine Software für Nintendo-DS-Geräte. Ziel: sich gesünder ernähren, sich mehr bewegen, abnehmen, entspannen	Individueller Trainingsplan für Ernährung, Essverhalten, Bewegung und Entspannung. Dateneingabe per Touchscreen. Animierter Coach. 250 BRIGITTE-Rezepte, Wochen- und Monatsbilanzen	• die ihren Coach immer dabeihaben wollen • die ein Ziel haben und diszipliniert Ernährung und Bewegung protokollieren • die ständige Kontrolle über ihre Energiebilanz möchten • die keine Community brauchen	• 39,99 Euro (ohne Nintendo-DS-Konsole) • Zu bekommen im Handel; unter www.brigitte.de/shops oder brigitte-service@guj.de; per Tel. 0180/506 20 00 (0,14 €/Min. aus dem dt. Festnetz). Bitte Bestellnummer B679500 angeben

IMPRESSUM

 Verlagsgruppe Random House FSC-DEU-0100
Das für dieses Buch verwendete
FSC®-zertifizierte Papier *Hello Fat Matt 1,1*
liefert Condat, Le Lardin Saint-Lazare, Frankreich.

BRIGITTE-Buch im Diana Verlag
Copyright 2010 by Diana Verlag, München,
in der Verlagsgruppe Random House GmbH
in Zusammenarbeit mit Gruner + Jahr AG & Co KG,
Am Baumwall 11, 20459 Hamburg

Fotos: Thomas Neckermann

Fitness-Programme: Arme, Bauch: Petra Regelin;
Beine: „Perfect legs" von Bernhard Koch;
Po: „Ballett-Workout" von Jessica Mentrup;
Illustrationen Fitness-Workouts: Gesa Sander

Schlussredaktion: Uta Kleimann

Art-Direction und grafisches Konzept: Almut Moritz
Umschlaggestaltung: Almut Moritz
Reproduktion: MWW Medien, Hamburg
Druck und Bindung: Druckerei Uhl, Radolfzell
Printed in Germany 2010
978-3-453-28526-2

http://www.diana-verlag.de